AF189552

Dietrich Volkmer

Helena

Die Geschichte einer schönen Frau

Dietrich Volkmer

Helena

Die Geschichte einer schönen Frau

Die Deutsche Nationalbibliothek verzeichnet diese
Publikation in der Deutschen Nationalbibliografie;
Deteaillierte bibligrafische Daten sind im Internet über
http://dnb.ddb.de
abrufbar

Text, Layout und Umschlaggestaltung
Dr. Dietrich Volkmer
www.literatur.drvolkmer.de

Internet-Seiten
www.drvolkmer.de
www.literatur.drvolkmer.de
www.privat.drvolkmer.de

Herstellung und Verlag
BoD - Books on Demand,
Norderstedt
Printed in Germany,

ISBN 9783751934916

Inhaltsverzeichnis

Dieser Band gehört zu einer Reihe von Büchern über
Griechische Mythologie.

Bereits vorhanden:
Herakles - Der Weg des Menschen
Helena und Paris - Eine dramatische Liebesgeschichte
Die Odyssee - Eine psychologische Reise nach Ithaka
Alexander und Aristoteles - Eine späte Begegnung

Im weiteren Sinn auch:
Frankfurt und die Götter des Olymp - Ein fiktiver
    Besuch aus der Antike

Erwähnenswert auch:
Athos - Unterwegs im Garten der Gottesmutter

Vergangenheit
in Erinnerung, Geschichte und Mythologie

Das Charakteristische, Wunderbare und sogar Einmalige des menschlichen Bewusstseins ist die Tatsache, dass es Zeit und Raum zu umfassen vermag. Ich kann in einem Augenblick an etwas denken, das räumlich weit entfernt, das zeitlich lang vergangen ist. Wer sich das zum ersten Mal bewusst macht, wird gewiß ein Gefühl der Freude über dieses überraschende Vermögen empfinden, im Denken Zeit und Raum überbrücken zu können. Jeder Mensch gewahrt sich dadurch als Mittelpunkt seiner Umgebung, die jedoch nur dank seines Erinnerungsvermögens bestehen kann. Menschen ohne diese Fähigkeit können sich in Raum und Zeit nicht orientieren.

L.F.C.Mees in „Helena und Penelope"

Helena von Troja; Evelyn de Morgan, 1898
Helena wird oft als Femme fatale dargestellt.
Denn welche Frau konnte schon einen Krieg, in dem
es um sie ging, mit so vielen Toten provozieren?
In diesem Buch sehen wir eine ganz andere Frau zum
Teil als Spielball der Götter

Die Griechische Mythologie

Das Wort Mythos entstammt dem Griechischen und bedeutet soviel wie Wort, Rede, Erzählung, Fabel, Sage.

Mythen entziehen sich der wissenschaftlichen Betrachtung, sie sprechen mehr die subtileren Seinsschichten des Menschen an. Auch Zeitebenen, in denen wir gewohnt sind zu denken und zu handeln, spielen keine wichtige Rolle. Wer also gewohnt ist, die Welt im Centimeter-Gramm-Sekunde-Denken zu betrachten, wird in der Regel wenig Freude an solchen Erzählungen haben. Ebenso sind Mythen geschichtlich nicht gesichert, sondern bedienen sich nur der zu der jeweiligen Zeit vorherrschenden Sitten und Gebräuche.

Kaum ein anderes Volk hat die Welt mit so vielen Mythen, Sagen und Erzählungen aus früherer Zeit beschenkt wie die Alten Griechen. Wir in der heutigen Zeit zehren noch immer davon. Viele Sprichwörter, geflügelte Worte und Theaterstücke stammen aus dieser, immerhin über zweitausend Jahre alten Kultur. Vieles verdanken wir allerdings nicht den Alten Griechen direkt, sondern so manches landete auf dem Umweg über ihre kulturellen Epigonen, den Römern, bei uns. Und man mag es kaum glauben: Viele Schriften der altgriechischen Denker, Dichter und Philosophen, die verloren schienen oder unbekannt waren, wurden von den Arabern in ihrer kulturellen Blütezeit ins Arabische übertragen und sind uns so zum Glück erhalten geblieben. Das frühe Christentum hatte an fremden Religionen und vor allem an heidnischen Göttern wenig, wenn nicht überhaupt kein Interesse, ja, sie haben sogar einiges in ihrer religiösen Borniertheit vernichtet wie zum Beispiel viele der gefühlvollen Gedichte der Poetin Sappho von Lesbos.

Goethe schreibt in seinem Werk „Dichtung und Wahrheit": ... wie denn die griechische Mythologie einen unerschöpflichen Reichtum göttlicher und menschlicher Symbole darbietet.

Wie kam es überhaupt zu solch einer Mythenbildung, die in unserer sich so fortschrittlich dünkenden Zeit gar nicht mehr möglich wäre.

Zwei grosse Persönlichkeiten trugen mit Sicherheit entscheidend dazu bei. Zum einen Homer mit seinen beiden grossen Epen „Ilias" und „Odyssee", zum anderen Hesiod mit seinen Versen, in denen er sogar den Mut besass, über die Entstehung und das Werden der Götter zu reflektieren und es schriftlich nieder zu legen.

Für die Nachkommen waren dies die grossen Quellen, aus denen sie unaufhörlich schöpften. Die heutigen, zum Teil ermüdenden Berieselungsmedien wie Zeitungen, Radio und Fernsehen, gar nicht zu reden vom Internet und den sogenannten Sozialmedien, lagen noch in weiter zukünftiger Ferne. So war das wichtigste Kommunikationsmedium das mündliche Wort.

Daher ist es kein Wunder, dass bei einer Weitergabe von Erzählungen manches erweitert und verändert wurde, es kamen je nach Verfasser andere Zusätze hinzu. Und so wurde manchesmal aus einer einfachen Geschichte durch umfassende Ergänzungen ein in die jeweilige Zeit hinein gestellter Mythos, der uns noch heute erfreuen oder fesseln kann.

Eine der farbigsten weiblichen Gestalten der Antike ist die „Schöne Helena", wie wir sie heute noch bezeichnen und die sogar in unserer kulturellen Landschaft ihre Spuren verschiedenster Art hinterlassen hat.

Im Gegensatz zu den geschichtlich überlieferten weiblichen Personen wie Nofretete und Hatschepsut, denen ich mich in anderen Büchern ausführlich gewidmet habe, oder auch der Poetin Sappho, die um 600 v. Chr. auf der Insel Lesbos lebte, ist Helena keine eindeutig geschichtliche Person, sondern offenbar mehr oder weniger eine Sagengestalt.

Es ist durchaus möglich, dass es einmal eine so hübsche Frau gegeben haben mag, über die Erzähler und Dichter begeistert berichtet haben. Die Nachwelt hat dann diese Erzählungen weiter ausgeschmückt und verbreitet.

Wenn es in der Welt etwas Ungewöhnliches gab, das mit dem normalen Verstand nicht erklärt und geklärt und eingeordnet werden konnte, so tendierten die Alten Griechen leicht dazu, göttliche Einwirkungen als Abklärungsmuster hinzu zuziehen.

Das spiegelt sich besonders in den Heldengestalten der griechischen Mythologie wieder.

Der grösste und bekannteste Heros der griechischen Mythologie, Herakles, war ein Sohn des Göttervaters Zeus und der schönen Alkmene, der Gattin des Amphytrion.

Achilles, die eindrucksvollste Gestalt der Ilias, also der Geschichte des

Trojanischen Krieges, war ein Kind des Sterblichen Peleus und der Meeresgöttin Thetis.

Wie also sollte eine Frau die Schönste der bekannten Welt sein oder geworden sein? Das konnte doch nur durch göttliche Mitwirkung und Hilfe geschehen sein. In der damaligen Zeit glaubte man noch an Interaktionen zwischen der Welt der Götter und den Menschen, denn den Göttern konzedierte man durchaus noch menschliche Züge und Schwächen. Man sagt, die griechischen Götter trugen noch antropomorphe Wesensstrukturen, was ihre „Handlungen" auf der einen Seite auch nachvollziehbar und verständlich machte, auf der anderen Seite aber auch Befürchtungen aufkommen liess, da man um die Schwierigkeiten, Schwächen und Unvorhersehbarkeiten menschlichen Tuns wusste.

Wenn also ein solcher Superlativ im Raum stand, ja, wer sollte da schon mitgewirkt haben? Nicht irgendein göttliches oder halbgöttliches Wesen aus einer Nebenlinie, nein, der Göttervater selbst sollte aktiv bei der Zeugung dieser Schönen beteiligt gewesen sein.

So wurde dann dieser Geschichte einer schönen Frau ein olympisches Abenteuer hinzugefügt.

Und das kam so.

Zeus wollte wieder einmal der ewigen Zweisamkeit mit seiner Gattin Hera entfliehen und schaute vom Olymp herab suchend nach den attraktiven weiblichen Geschöpfen dieser Erde. Sein Blick fiel auf die schöne Leda, die Gattin des Spartanerkönigs Tyndaraeus. Nun hatte sich aber herumgesprochen, dass Leda jeglicher Art von ehelicher Untreue abgeneigt war und auf ihre Art dem Ehemann treu bleiben wollte. Was also tun, um mit ihr ein Schäferstündchen zu arrangieren? Hermes musste wieder als Kuppler und Kundschafter herhalten, immer mit der Auflage, gegenüber der eifersüchtigen Gattin Hera Stillschweigen zu bewahren. Er brachte in Erfahrung, dass Leda in der Nähe des Schlosses einen kleinen Teich mit Schwänen in einem herrlichen Garten hatte, in den sie sich gern zurückzog, um dem Trubel des Hauses und der Dienerschaft zu entfliehen.

Das war die Idee!

Zeus verwandelte sich dank seiner Fähigkeiten in einen schönen Schwan und näherte sich Leda, die, ganz entzückt von ihm, ihn zärtlich an ihre Seite nahm. Zeus nahm seine Allmacht zu Hilfe und versetzte sie in einen

Leda und der Schwan
Heraklion; Museum

Traum und vereinigte sich mit ihr.

Heraus kam nach neun Monaten ein Ei, das Leda ausbrütete und daraus entstand Helena.

Diese Geschichte ist sicherlich ungewöhnlich. Viele Maler haben sich die Affäre von Zeus und Leda als Motiv für ihre Gemälde genommen.

In diesem Buch, das vom Leben der Schönen Helena erzählen soll, bleibt diese Geschichte aber ein poetisches Beiwerk, eine mythologische Ausschmückung, eine farbige Nebenlinie, mehr nicht.

Helena entspringt als normales Kind der Ehe von Tyndaraeus und seiner Gattin Leda.

Und um noch etwas vorzugreifen: Es gibt einige Autoren, unter anderem auch den griechischen Tragödiendichter Euripides, die die Geschichte der Helena etwas modifizierten. In seinem Stück „Helena" ist sie nie in Troja gewesen, sondern schien auf merkwürdige Art und Weise mit dem Schiff auf der Flucht von Sparta nach Ägypten abgetrieben worden zu sein, um dort in Memphis im Reich des Proteus zu landen. Paris hätte eine Phantasiegestalt, ein Scheinbild, nach Troja mitgenommen.

Auch Herodot, der berühmte griechische Historiker, spricht von einer „Ägyptischen Helena".

Diesen mythologischen Theorien, wenn es überhaupt im Bereich der Mythologie Theorien geben kann, schließe ich mich nicht an, sondern lasse Helena in diesem Buch mit ihrem „Entführer" in Troja mit allen daraus entstehenden Folgen landen.

In seinem Werk „Die Troerinnen" hingegen beschreibt Euripides eine Helena, die sich am Ende Trojas in einer dramatischen Auseinandersetzung mit Menelaos, ihrem gehörnten Ehemann, und Hekabe, der Gattin von König Priamos und Mutter des getöteten Paris, befindet.

Eine Version, die mir mehr zusagt.

Wenn das Leben von Helena in diesem Buch betrachtet werden soll (einige Passagen ähneln Zeilen aus meinem Buch „Helena und Paris", das liess sich nicht ändern), so existieren zwar einige wenige mythologische Quellen, aber die meisten Jahre ihres „poetischen" Lebens verlieren sich im mythischen Dunkel. So bleibt mir wieder wie auch in anderen Büchern nichts anderes übrig, als Szenen ihres Lebens gedanklich in möglichst zeitgerechten Worten nachzuempfinden, also möglichst ohne moderne Wortgebilde, und der Phantasie* ein wenig Raum zu gewähren, denn die Phantasie ist ein Ort gedanklicher Freiheit.

Bad Soden, im August 2020
Dr. Dietrich Volkmer

---

* *Das Wort Phantasie stammt wie so vieles unserer heutigen Zeit aus dem Griechischen (φαντασια) und bedeutet so viel wie Vorstellungsvermögen, Einbildungskraft, Erfindergeist, Einfallsreichtum.*

Rückschau

Zweimal hat sich der Lauf des Mondes nun gerundet, seitdem Menelaos gestorben ist. Meine trojanische Eskapade mit Paris hatte er mir grosszügig, aber doch schweren Herzens verziehen, und wir verlebten danach noch eine Reihe von harmonischen Jahren. Seine Kriegsgelüste waren wohl seit den zehn Jahren vor Troja und der langen Rückfahrt etwas gedämpft, aber immer wieder tauchten die dramatischen Szenen vor und in Troja in seinen Erzählungen auf. Besonders wenn die Männer abends beim Wein beieinander sassen, war das ein beliebtes Thema. Manchesmal hörte ich ihn sogar im Traum davon sprechen.

Nur hin und wieder musste er mal nach Messenien, wenn dort Unruhen ausgebrochen waren.

Er hatte nicht lange gelitten, es ging ganz plötzlich. Sämtliche Heiler aus Sparta und auch die Priester des Apollon kamen an sein Krankenbett, mussten aber wohl oder übel einsehen, dass ihr ganzes Wissen und ihre Künste nichts mehr ausrichten konnten.

Es gab eine riesige Beerdigungszeremonie. Aus ganz Griechenland kamen Fürsten und Herrscher, einige Ältere hatten damals mit ihm noch zusammen vor Troja gekämpft. Besonders habe ich mich über die Anwesenheit von Telemach gefreut, der den weiten Weg von Ithaka nicht gescheut hatte. Das letztemal hatten wir uns gesehen, als er uns besuchte, um zu klären, wo sein Vater Odysseus geblieben sei. Fast zehn Jahre war es seit der Eroberung von Troja her und er und Penelope hatten kein Sterbenswörtchen von ihm gehört. Damals erzählte mir Telemach auch von der Not Penelopes, die sich der aufdringlichen Freier in Odysseus' Haus erwehren musste, weil sie auf die Rückkehr von Odysseus hoffte.

Viele meiner früheren Diener und Hilfen haben den Gang in die dunklen Gefilde des Hades angetreten. Die meisten Schmerzen verursachte mir, als mich auch Alissa in hohem Alter verliess. Es ist einsam um mich geworden und die Tage ziehen sich mühsam dahin.

Meine Tochter Hermione hatte Neoptolemos, den Sohn von Achilleus geheiratet. Sie war mit ihren drei Kindern vollauf beschäftigt und ich habe sie nach ihrer Hochzeit nicht so oft gesehen. Ich kann aber auch verstehen, dass sie mir es noch immer nachträgt, sie als kleines Kind einfach verlassen zu haben, als ich mit Paris nach Troja floh. Noch jetzt überfällt mich manchmal ein schlechtes Gewissen, wie ich mich damals als junge Mutter verhalten habe.

Auch an mir hat das Alter gelinde Spuren hinterlassen. Manchmal traue ich mich schon gar nicht mehr in den Spiegel zu schauen. Dieses Wort von der „Schönen Helena" oder der „Schönsten Frau der bekannten Welt" – ich mag es nicht mehr hören. Es tut mir regelrecht weh. Die Götter in ihrer Weisheit haben es wohl sinnvoll so eingerichtet, das wir die Zeit nicht zurückdrehen können und uns nur eine bestimmte Zeit auf Erden geschenkt wird. Wenn man dann zurückschaut und zugeben kann, dass man ein erfülltes und interessantes Leben gehabt hat, so glaube ich, sind auch die Götter zufrieden.

Bei diesem Satz überfiel mich eine Eingebung, wie ich es gleich näher beschreiben werde.

Hatte ich insgesamt nicht ein aufregendes Leben gehabt? Wer kann schon als Frau von sich behaupten, auf ein so farbiges und spannendes Geschehen voller Abenteuer zurückblicken zu können?

In Sparta war die Erziehung hauptsächlich auf den militärischen Drill der Jungen bis zum dreissigsten Lebensjahr ausgerichtet, bevor man ihnen die Möglichkeit gab, zu heiraten und eine Familie zu gründen. Die Mädchen wurden zwar ebenfalls eine wenig für bestimmte Zwecke erzogen, aber auf deren Ausbildung wurde kein so großer Wert gelegt. Allgemein kam in Sparta das Kulturelle zu kurz. Männer hatten gute Krieger zu werden. Frauen oblag es den Haushalt zu führen und später gesunde Kinder auf die Welt zu bringen. Eine Sitte empfand ich als besonders unsinnig und unschön: Frauen mussten sich zur Hochzeit den Kopf kahl scheren. Als ich damals Menelaos heiratete, habe ich meinen Vater Tyndaraeus so lange bekniet, bis mir das Abscheren meiner blonden Locken erspart blieb. Ich glaube auch, dass Aphrodite ihre Macht im Spiel gehabt und meinem Vater ins Gewissen geredet hatte.

In Sparta also hiess es: Wozu müssen Frauen das Lesen und Schreiben lernen? Sie brauchen es ohnehin nie!

Alissa war da ganz anderer Meinung. Sie kam aus einem vornehmen Haus im Süden von Messenien und ihre Eltern liessen sie zusammen mit ihren Geschwistern in der Kunst des Schreibens unterweisen. So sassen sie des Abends oft beieinander, erzählten sich Geschichten und übten das Schreiben und das Lesen.

Das war ein Glücksfall für mich, denn Alissa war der Ansicht, dass eine Frau viel selbständiger und weniger abhängig von Männern wäre, wenn sie schreiben und lesen könnte.

Ich hatte jetzt viel Zeit. Meine Brüder Kastor und Polydeukes waren auf der Fahrt nach Troja ums Leben gekommen. Klytemnaistra wurde wohl, wie uns zu Ohren kam, als Fluch der eigenen Tat, indem sie zusammen mit ihrem Liebhaber Aigisthos ihren Mann Agamemnon, den König von Mykene und Bruder meines Mannes, umbrachte, von ihrem Sohn Orestes getötet.

Und das war meine spontane Idee: Ich wollte mich nunmehr hinsetzen, um mit meinen Kenntnissen der Schrift mein Leben für die interessierte Nachwelt zusammenfassen. Ich bin keine geborene Schriftstellerin und auch keine Tragödien-Verfasserin. Zudem beherrsche ich nicht die Kunst des Hexameters. Der einzige mir innewohnende Wunsch: Ich möchte in einfachen Worten das darstellen, was mich nach diesem wahrlich ereignisreichen Leben noch immer bewegt und mich geformt hat. Nach so langer Zeit wird es mir hoffentlich gelingen, die zeitlichen Reihenfolgen einzuhalten. Eigentlich wollte ich die Musen zu Hilfe rufen, aber ich kann nicht eindeutig sagen, welche für meine Zeilen zuständig ist. Erato – für Liebesdichtung, stimmt nur teiweise. Klio – für Geschichte, wäre wohl etwas übertrieben. Melpomene – für die Tragödie, ist zum Schluss der Geschichte um Toja stimmig. Da ich mich nicht entscheiden kann, rufe ich einfach Apollon mit seiner Weisheit an, er möge mir bei meinem Versuch hilfreich über die Schulter schauen.

Meine Jugend

An meine ersten Lebensjahre kann ich mich nicht mehr so genau erinnern. Mein Vater Tyndaraeus hatte mich in die Obhut von Alissa gegeben. Auf einem Kriegszug nach Messenien hatten die Spartaner sie neben anderen Mädchen und Frauen als lebendige Beute mitgebracht. Sie war sehr um mich bemüht. Schon als ich noch ein Kleinkind war, soll sie mich oft auf den Schoß genommen, meinen Kopf gestreichelt haben und immer saß sie bei mir, wenn ich mal krank war. Meine Mutter Leda sah ich nicht so oft, sie hatte immer irgendwelche Gründe, um nicht im Schloss zu sein und hatte das Wohl der Kinder anderen zu überlassen.

Alissa redete immer beruhigend auf mich ein und sie war ganz stolz, als ich meine ersten Worte sprechen konnte. Mein Vater kümmerte sich, so nebenbei, um meine beiden Brüder Kastor und Polydeukes. Sie sollten ja einmal grosse Krieger zum Ruhme des Königshauses werden, wie sich das für Jungen aus Sparta geziemte. Jemand hatte ihnen zwei kleine hölzerne Schwerter geschnitzt, mit denen sie sich in gespielten Kämpfen maßen. Meine Schwester Klytemnaistra war ein paar Jahre älter. Sie hänselte und ärgerte mich oft. Besonders aus der Haut fahren konnte sie immer, wenn unsere Dienerinnen um mich herum standen und bewundernd staunten: „Das wird aber ein ungewöhnlich hübsches Kind werden". Und wenn dann noch eine zu sagen wagte: „Ist die süss!", wurde Klytemnaistra richtig ärgerlich, ja fast giftig. „Was steht ihr hier alle herum und glotzt die Kleine an? Habt ihr nichts anderes zu tun?"

Ja, so war sie! Auch als ich älter wurde, hatten wir nur wenig miteinander gespielt. Sie spielte immer ihre Überlegenheit heraus, nur weil sie ein paar Jahre älter war!

Was Alissa anbetrifft: Ich habe im Nachhinein so das Gefühl, dass sie richtig stolz darauf war, mich betreuen zu dürfen und somit auch ein wenig im Mittelpunkt zu stehen.

Abends sass sie oft an meinem Bett und erzählte mir Gute-Nacht-Geschichten.

Ungefähr sechs Jahre war ich wohl alt, als sie mir einige Sätze sagte, die mir zu denken gaben.

„Bei euch hier in Sparta muss immer alles schnell gehen. Dein Vater und vor allem deine Mutter mögen keine langen Reden. ‚Mach's kurz,' war ein häufig gebrauchter Satz, wenn ich ihm von dir und deinen Fortschritten berichten wollte. Kurz, knapp, klar und bündig soll bei euch immer alles sein. Gut, wenn man im Krieg und im Kampf ist, kann man keine langen Sätze gebrauchen, dann muss alles schnell gehen. So, wenn Befehle erteilt werden oder wenn Not am Mann ist. Bei uns in Messenien, vor allem in meiner Familie, war es anders. Das Essen am Abend diente der Unterhaltung, jeder berichtete über das, was er am Tage erlebt hatte. Das wünsche ich auch dir, wenn du mal älter wirst, vielleicht verheiratet bist und selbst Kinder hast."

Ich als Ehefrau und Mutter – das konnte ich mir damals beim besten Willen nicht vorstellen!

Die Erzählungen von Alissa

Wenn ich so an meine Kindheit zurückdenke, so hat Alissa auf mich eine prägende Wirkung ausgeübt. Oft kam sie mir so vor, als sei sie mit ihren Gedanken nicht im Hier und Jetzt, sondern schwebte irgendwo in anderen Regionen. Immer wieder flocht sie in ihre Erzählungen Ausschnitte aus alten Geschichten und Mythen ein.

Vieles von dem was sie mir berichtet hatte, habe ich vergessen, aber eine Geschichte, die sie mir im Lauf der Jahre dreimal erzählt hatte, habe ich noch in so guter Erinnerung, weil mir alles irgendwie nahe ging. Ich fand es richtig rührend und konnte mir kaum vorstellen, dass sich eine solche Geschichte hier bei uns in Sparta hätte abspielen können.

Es ist das wunderbare Märchen von Philemon und Baukis. Für diejenigen, die meine Zeilen lesen werden, aber die Einzelheiten nicht kennen, möchte ich diese Geschichte in meine Historie mit aufnehmen, weil sich hierin so ausdrücklich der göttliche Zorn über die Engstirnigkeit und Lieblosigkeit der Menschen wiederspiegelt.

Die Sage berichtet davon, wie in alten Zeiten die Götter Zeus und Hermes als Wanderer im phrygischen Land unterwegs waren, um die Gesinnung der Menschen auf die Probe zu stellen. Als eigentlich Bedürfnislose baten sie die Bewohner der Gegend um etwas Speise und Trank und um ein Obdach für die Nacht. Die Herzen der Menschen waren aber durch Zeiten der Not so hart geworden, dass jeder nur daran dachte, wie er einigermassen überleben konnte. Zudem eilte den beiden Fremden der Ruf voraus, herrisch und arrogant zu sein. So schlugen ihnen Misstrauen und Furcht entgegen. Nun lebten in der Gegend die alten Bauersleute Philemon und Baukis. Sie bewohnten eine ärmliche Hütte und besassen ein bescheidenes Stück Land, aus dem sie ihre geringen Vorräte bezogen. Nachdem die beiden Fremden überall in der Gegend abgewiesen worden waren, näherten sie sich dem einfachen Heim der beiden Alten. Zu ihrer Überraschung wurden sie herein gebeten und sogar bewirtet. Philemon und Baukis tischten ihnen von allem auf, das sie besassen und bereiteten ihnen mit ihrer wenigen Habe in irdenen Gefäßen ein festliches Mahl. Inzwischen bemerkten sie, dass der Krug aus dem sie schöpften, sich wieder und wieder füllte, als quölle der Wein aus dem Boden des Gefässes.

Erschrocken ahnten sie plötzlich, dass die beiden Fremden wohl göttlichen Geblüts seien. Ein warmes Bad boten sie ihnen noch an und schlussendlich verschafften sie den weit gereisten Gästen eine bequeme Lagerstatt, denn es regnete draussen in Strömen.

,Es geziemt sich für Menschen nicht, Unsterbliche zu missachten. Sie werden ihre gerechte Strafe bekommen. Für euch beide haben wir etwas Besonderes vor. Folgt uns!'

Und die beiden Alten taperten mühsam bergauf hinter den Göttern her. Kurz vor dem Gipfel wandten die beiden sich um und sahen zu ihrem Entsetzen wie der strömende Regen die ungastliche Stadt unten im Tal in einen See verwandelt hatte. Nur aus ihrer etwas höher gelegenen kleinen Hütte war ein prächtiger Tempel geworden.

,Nun,' fragten die Götter, ,habt ihr noch einen Wunsch?'

,Ja,' antwortete Philemon, ,lasst uns dieses heilige Haus hüten und pflegen so lange wir leben. Und wenn dann das Ende unseres Lebens naht, so möchten wir gemeinsam sterben.'

Und so kam es. Als der Tod nahte, verwandelten sich beide in eine Eiche und in eine Linde, die dicht beieinander standen. Und wer gute Ohren hatte, der konnte immer wieder hören wie sich beide im Rauschen der Blätter liebevoll zuflüsterten.

Alissa konnte es stets so gut erzählen, dass es jedesmal wieder spannend war. Noch jetzt geht es mir immer wieder so, wenn der Wind die Blätter von Bäumen bewegt, dass ich glaube, hier erzählt jemand von seinem Leben.

Die Geschichte von der Morgenröte

Eines Morgens weckte mich Alissa sehr früh. Draussen war es noch dunkel.

‚Komm mal mit, ich habe noch eine rührende Geschichte für dich. Damit du sie besser verstehst,' flüsterte sie leise, ‚gehen wir zum Fluss.'.

Die Sonne war noch nicht aufgegangen, nur drüben über dem Fluss zeigte sich am Himmel eine leichte rosa Farbe.

‚Schau,' sagte Alissa, ‚da siehst du sie, Eos, die Göttin der Morgenröte. Man nennt sie auch die ‚Rosenfingrige' weil sie ihre Strahlen wie rosa Finger an den frühen Himmel schreibt. Wenn sie vor der Sonne über die Erde streicht, schaut sie von oben herab über Menschen und Tiere und beobachtet ihr Treiben. Eines Morgens erblickte sie unten einen jungen hübschen Jäger, der schon früh auf der Jagd war. Er hiess Tithonos und sie verliebte sich unsterblich in ihn. Sie wollte ihn nicht verlieren, denn sie wusste um die Sterblichkeit der Menschen. Was also tat sie? Sie ging zu Zeus und bat bei ihm um ewiges Leben für diesen schönen Jüngling. Zeus brummelte erst zwar ein bischen unwirsch vor sich hin, gab dann aber ihrem flehentlichen Bitten doch nach. Glücklich eilte Eos von dannen und lebte fortan mit ihrem Geliebten bis sie am frühen Morgen ihrer Aufgabe nachgehen musste. Eines Tages erschrak Eos zutiefst. Hatte sie nicht gerade das erste graue Haar am schwarzlockigen Tithonos gesehen. Und überhaupt, er war nicht mehr so zärtlich wie früher. Er war oft müde und ging auch nicht mehr so oft auf die Jagd. Auf einmal erkannte sie ihren fürchterlichen Fehler. Sie hatte Zeus um ewiges Leben, aber nicht um ewige Jugend gebeten. So wurde Tithonos an der Seite der unsterblichen Eos immer älter, er wurde immer kleiner, sein dünnes Stimme konnte man kaum noch verstehen. Zeus hatte ein Einsehen und verwandelte ihn in eine Zikade. Also wenn du draussen im Sommer die Zikaden hörst, denke dran, eine von ihnen könnte der ehemalige Geliebte der Morgenröte sein.'

Das ist aber eine traurige Geschichte, sagte ich zu Alissa.

‚Du siehst,' meinte sie, ‚wenn man die Götter um etwas bittet, muss man sich seine Bitte vorher genau überlegen.'

Der Besuch bei Kallisthenes

Ab und zu verliess Alissa den Hof, verriet mir aber nicht, wohin sie ging. Neugierig geworden, beschloss ich eines Tages, sie nach dem Ziel ihrer Besuche zu fragen. Alissa wand sich ein wenig, man merkte ihr an, dass ihr die Frage unangenehm war.

Nach langem Zaudern sagte sie: „Es ist ein Geheimnis, es ist mein grosses Geheimnis, das ich hier in der Fremde habe. Wenn du mir bei Zeus und Apollon versprichst, dieses Geheimnis niemandem hier am Hof zu verraten, werde ich dich bei nächster Gelegenheit einmal mitnehmen. Deine Eltern haben für so etwas kein Verständnis, deine beiden Brüder sind mit ihrer militärischen Vor-Erziehung so beschäftigt und Klytemnaistra, na du weißt schon!"

Wir waren eigentlich miteinander so vertraut, dass mich ihre Geheimniskrämerei etwas verwunderte. Irgendwie ahnte ich damals schon, dass jeder Mensch wohl eine eigene Welt darstellt und nicht immer bereit ist, andere Menschen in diese, seine Welt einzulassen.

Ich war gespannt. Aber Alissa liess mich ein wenig zappeln.

„Gedulde dich ein wenig, sobald der Mond das nächstemal voll und rund am Himmel steht, werde ich dich in mein Geheimnis einweihen."

Dann kam der Tag. Alissa nahm mich bei der Hand.

„Ich habe hier im Schloss erzählt, wir gehen zum Eurotas und schauen den Fischern beim Angeln zu."

Sie hatte sich ein Tuch um den Kopf gewickelt, damit keiner sie erkennen konnte.

Durch enge Gässchen landeten wir an einer kleinen Hütte. Die Tür stand offen. Drinnen sass ein älterer Mann mit einem langen grauen Bart, das Haar hing ihm in langen Strähnen herunter. Er schien blind zu sein.

„Wen bringst du mir da mit?" fragte er mit etwas heiserer Stimme und wandte seinen Kopf in Richtung von Alissa,

‚Es ist Helena, die jüngste Tochter von unserem König Tyndaraeus.'
Jetzt wandte sie sich zu mir: „Es ist Zeit, das ich dir alles etwas genauer erkläre. Das ist Kallisthenes, er hat vor langer Zeit sein Augenlicht verloren, dafür beschenkten ihn die Götter mit der grossen Gabe, nach innen und in die Zukunft zu schauen. Aber niemand darf seine Weissagungen

für egoistische Zwecke benutzen oder sich durch das Wissen bereichern zu wollen oder anderen zu schaden."

Kallisthenes nickte.

‚Du bist ein ungewöhnliches Kind und ich möchte gerne für dich wissen, welche Pläne die Götter mit dir vorhaben,' sagte Alissa zu mir.

‚Setze dich vor mich hin,' erwiderte Kallisthenes, ‚und gib mir deine rechte Hand.'

Er streckte mir seine Hand entgegen. Sie war dürr und knochig und voller brauner Flecken. Es kostete mich ein wenig Überwindung, meine Hand in seine zu legen, aber Alissa legte ihre Hand beruhigend auf meine Schulter.

Der Alte fuhr mit seinem Daumen die Innenseite meiner Hand ab, murmelte etwas vor sich hin und schwieg dann plötzlich eine Weile.

Er holte einmal tief Luft und begann mit langsamen Worten zu reden.

‚Lass dir sagen, was ich hier zu sehen glaube. Dein späteres Leben wird voller Unruhe und Farbe werden. Du wirst nicht immer hier in Sparta bleiben und einmal eine lange beschwerliche Reise antreten. Wohin, das kann ich dir leider nicht genau sagen. Aus deiner Hand kann ich es nicht lesen. Du wirst berühmt werden, in ganz Hellas werden die Menschen deinen Namen kennen und wenn sie des Abends beieinander sitzen, werden sie deine Geschichte erzählen. Und noch etwas Grosses lese ich hier: Nicht nur in Hellas wird man von dir singen und berichten. Wenn alle Menschen, die du kennst, nicht mehr auf der Erde weilen, wird dein Name noch in vieler Munde sein. Ja, sogar in tausend und mehr Jahren werden Dichter und Sänger von dir erzählen. Mehr kann ich dir jetzt nicht sagen. Ich wünsche dir, dass du alles, was die Götter für dich vorgesehen haben, mit Mut und Zuversicht tragen wirst.'

Er machte eine Pause.

'So, diese Schau hat mich etwas erschöpft. Nun geht und lasst alles in Ruhe bei euch einwirken.'

Kann jeder nachvollziehen, dass ich etwas verwirrt war? Man bedenke, ich war erst elf Jahre alt und musste diese Weissagungen in meinem Herzen irgendwie verkraften.

Alissa war die erste, die danach die Sprachen wiederfand.

‚Wie ich dir vorhin schon sagte: Immer hatte ich das Gefühl, dass man dich nicht mit den normalen Mädchen deines Alters vergleichen kann. Ich denke auch, dass die Eindrücke, die der weise Kallisthenes sah, auch ihn etwas aus der Fassung gebracht hatten. Ich schlage dir vor, dass wir noch ein wenig spazieren gehen, um etwas Abstand von allem zu gewinnen. Hier gleich in der Nähe ist ein kleiner Olivenhain, in dem ich mich gern aufhalte, wenn ich mal freie Stunden habe. Ich lieben diese silbrigen Blätter, sie strahlen so etwas Vornehmes aus.'

Ich merkte, sie wollte mich ein wenig abzulenken.

Unterwegs trafen wir zwei Bauern.

„Wie steht es um die zukünftige Olivenernte?" wollte Alissa wissen.

„Ach," antwortete der eine, „es schaut nicht so gut aus. Es ist einfach zu trocken, in diesem Jahr hat der ausgiebige Regen des Frühjahrs gefehlt und die Oliven sehen noch sehr klein aus."

„Möge Demeter euch helfen, dass sie noch etwas grösser werden," lachte Alissa und verabschiedete sich winkend.

‚Weisst du eigentlich, woher die Olivenbäume kommen?' fragte sie mich anschließend.

'Nun, die werden halt hier gewachsen sein wie alle anderen Bäume,' war meine lapidare Antwort.

‚Nein,' entgegnete Alissa, ‚mit dem Olivenbaum hat es eine besondere Bewandtnis. Diese Sage hat mit den Athenern zu tun. Ich mag sie zwar nicht, weil sie immer glauben, etwas Besseres zu sein und manchmal etwas herablassend auf die Spartaner herabschauen. Aber es kam so: Vor langer Zeit hatte die Stadt noch keinen Namen. Die Göttin Athene und der Gott des Meeres Poseidon wollten sich im Namen der jungen Stadt wiederfinden. Poseidon versprach den Bürgern hier mit seinem Dreizack eine Quelle sprudeln zu lassen. Athene hingegen machte sich anheischig, der Stadt einen ganz besonderen Baum zu schenken, der sich über die ganze Ägäis zum Ruhme der Stadt ausbreiten würde. Die Bürger entschieden sich für Athene – und so heisst die Stadt noch heute. Du siehst immer wieder, wie die Götter hier in Hellas ihre Spuren hinterlassen haben."

Am späten Abend, als ich allein in meinem Bett lag, tauchten die Bilder des Tages wieder in mir auf. Die knochige Hand des Kallisthenes, seine geschlossenen Augen, seine schleppende Stimme und sein wirres Haar. Berühmt sollte ich werden – ich konnte mir gar nicht vorstellen, was das sein sollte. Und was sollte in tausend Jahren noch mit mir sein. Ich fand darauf keine Antwort. Und eine längere Reise stünde für mich an. Dabei wollte ich doch aus Sparta gar nicht fort! Schließlich bin ich dann doch eingeschlafen und am nächsten Morgen hatte ich bereits wieder einiges vergessen. Auch Alissa schnitt das Thema von sich aus nicht wieder an.

Nur einmal sagte sie den einen Satz: ‚Mal sehen, was die Zukunft uns so bringen wird.'

Theseus und der Raub der Helena

Eines Tages, ich glaube ich war ungefähr zwölf Jahre alt, als zwei Männer auf Pferden zu uns kamen. Sie banden draußen ihre Pferde an und baten um Einlass. Mein Vater Tyndaraeus, der gerade am Palasteingang stand, fragte sie, wer sie seien und was ihr Begehr sei. Ich stand zufällig hinter ihm und konnte das ganze Gespräch mit anhören.

Der Ältere von beiden antwortete: „Ich bin Theseus von Athen und das ist mein bester Freund Peirithoos, Köng der Lapithen, einem starken Volksstamm in Thessalien. Wir haben von der Schönheit deiner Tochter gehört und da wir ohnehin hier in der Nähe von Sparta waren, dachten wir, neugierig wie Athener nun mal sind, das müssen wir einmal mit eigenen Augen gesehen haben."

„Bist du der berühmte Theseus? Ja, dann kommt herein. Ihr werdet uns viel zu erzählen haben."

Ich war ganz erfreut und gespannt, denn Alissa hatte mir oft, wenn wir abends beieinander saßen, viel von ihm und seinen Heldentaten erzählt. Sein Freund Peirithoos war mir unbekannt.

„Wir Spartaner halten die Gastfreundschaft hoch, obwohl man uns nachsagt, wir seien so streng und immer kurz angebunden," meinte mein Vater, „ich lade euch zu einem Mahl ein. Erfrischt euch ein wenig, ich lasse schon mal alles herrichten."

Hätte er geahnt, was diese beiden Helden im Schilde führten, so glaube ich, wäre er wohl nicht so gastfreundlich gewesen. Aber so ist mein Vater nun einmal, er glaubt immer an das Gute im Menschen. Deswegen verehrten ihn alle Spartiaten und auch die Periöken sehr. Mit den Heloten kam er weniger in Kontakt.

Ich war froh, dass endlich mal etwas Abwechslung in den manchmal etwas eintönigen Alltag in Sparta kam. Meine Dienerin Alissa versuchte zwar, mich immer wieder aufzuheitern und mit mythischen Geschichten zu unterhalten. Meine ältere Schwester Klytemnaistra machte sich immer über diese albernen Erzählungen, wie sie immer betonte, lustig. Meine Mutter Leda sah ich nicht so oft. Immer hatte ich als Kind schon das Gefühl, dass ihre Schönheit und die Körperpflege ihr wichtiger waren als die Kinder.

So wartete ich ganz gespannt auf das gemeinsame Essen.

‚Eigentlich,' sagte mein Vater, , haben Kinder und vor allem Mädchen nichts an einer Tafel verloren, wenn gestandene Männer am Tisch sitzen und sich unterhalten. Ausnahmsweise kannst du heute abend einmal dabei sein. Deine Mutter hat schon abgewinkt. ‚Was können Männer schon groß erzählen? Immer dasselbe! Es geht um Kampf und Krieg und über die Heldentaten der Altvorderen. Das macht unter euch aus. Das ist nichts für die zarte Seele einer Frau. Ich lasse mich in dieser Zeit lieber etwas massieren'. So ist Leda eben und um Streit zu vermeiden, lasse ich ihr ihre Eigenheiten.'

‚Alissa hat schon mal die Geschichte von dem Ungeheuer Minotauros erwähnt und von Ariadne. Ich würde brennend gern erleben, wenn Theseus uns mal die ganze Begebenheit mit eigenen Worten erzählt.'

‚Von mir aus - du weißt, ich kann dir immer schlecht deine Wünsche abschlagen, was deine Geschwister manchmal erbost – dann frage und bitte ihn persönlich um seine Abenteuer.'

Mein Vater hatte vor zwei Tagen im Tayetos-Gebirge einen Hirsch erlegt und den hatten die Diener in der Zwischenzeit für das Essen zubereitet. Dazu gab es einen kräftigen Rotwein aus Messenien, dem die Männer lebhaft zusprachen.

Als die Männer einmal eine Gesprächspause einlegten, wollte ich neugierig die Gunst nutzen und meine Wissensbegierde befriedigen.

‚Hast du nicht große Angst vor dem Ungeheuer, dem Minotauros, gehabt? Immerhin soll er ja schon einige der Athener Knaben und Mädchen gefressen haben, wir mir Alissa erzählte.'

‚Weißt du, das ist eine längere Geschichte. Die Athener mussten Tribut an den mächtigen König Minos von Kreta zahlen. Er hatte damals die Stadt erobert, weil sein Sohn Androgeus beim Kampf mit dem Stier von Marathon umgekommen war. Als Strafe verlangte er: ‚Gebt mir sieben eurer edelsten Jünglinge und sieben eurer anmutigsten Jungfrauen. Ich werde sie nach Kreta holen und sie dem Minotauros zum Fraß hinwerfen. Und das jedes Jahr - neun Jahre lang.'

Eine grausame Strafe! Der Minotauros hauste in einem vom genialen Athener Baumeister Daidalos konstruierten Labyrinth, dessen Gänge so verschachtelt waren, dass jeder, der es betrat, nie wieder den Ausgang ins

Freie fand. Als ich nach Athen kam, sollte gerade das drittemal der Tribut entrichtet werden. Zum Leidwesen ihrer Eltern waren bereits die vierzehn Jugendlichen ausgewählt worden. Alle Athener waren so bedrückt, niemand wollte mir sagen warum, weil mein Vater Aigeus es ihnen verboten hatte. Als ich es endlich erfuhr, rief ich laut aus ‚Ich fahre mit. Entweder ereilt mich das gleiche Schicksal oder ich befreie unsere Stadt von diesem Fluch."

Mich beeindruckte der Mut dieses Helden.

‚Ich schickte einen der Knaben nach Hause. Zwei Mädchen ebenfalls, dafür nahm ich zwei starke, kräftige Jungen mit, die ich als Mädchen frisieren und verkleiden ließ. Mein Vater gab mir noch ein weißes Segel mit, das ich bei einer glücklichen Heimkehr anstelle der schwarzen Segel hissen sollte. Am Strand von Kreta erwartete uns schon Minos zusammen mit seiner schönen Tochter Ariadne, die mich wohl gleich in ihr Herz schloss. Minos entschied, dass ich als erster dem Minos zum Fraß vorgeworfen werden sollte. Ariadne empfand Mitleid mit mir und den anderen und überlegte, wie sie mir helfen könnte. Sie fragte ihre Schwester Phaidra, aber die wusste auch keine Hilfe. Da fiel ihr Daidalos ein und diesem erfindungsreichen und weisen Mann fiel eine Lösung ein.

‚Sprich mit Theseus,' sagte er zu ihr, ‚und gib ihm dieses Garnknäuel. Ins Innere des Labyrinths, wo der Minotauros haust, findet er leicht. Er soll den Faden am Eingang befestigen und beim Hineingehen abrollen lassen. Dann findet er auch wieder zurück. Denn ich bin überzeugt, er schafft es, den Minotauros zu besiegen. Aber du weißt auch, dass alles auch für dich ein gefährliches Spiel ist.'

Auch mein Vater Tyndaraeus hatte inzwischen Gefallen an der Erzählung gefunden und lauschte gespannt Theseus' Worten.

‚Ariadne kam zu mir, erzählte mir von ihrem Plan und gab mir das Garnknäuel, das ich am nächsten Morgen anwenden sollte. Zugleich sagte sie mir auch, dass ich sie nach geglückter Tat mit nach Athen nehmen müsste, denn ihr Vater würde sie auf der Stelle aus Wut und Rache töten. Freudig willigte ich ein, denn Aphrodite hatte inzwischen wohl auch mein Herz entzündet. Der nächste Morgen kam und ich tat, wie mir Ariadne empfohlen hatte. Durch verwirrende Gänge stiess ich endlich auf den Minotauros, der sich sofort mit Gebrüll und mit gesenkten Hörnern auf mich stürzte. Ich konnte ihm gerade noch ausweichen, er versuchte es immer wieder, ich stiess ihm mein Schwert in die Seite, aber es schien ihm nichts auszumachen. Endlich zeigte er Zeichen von Erschöpfung und da gelang es mir, ihn zu töten. Nun musste ich nur noch den Ausgang finden. Also, Daidalos hatte alles verwirrend angelegt, dass es mir ohne den Faden nie gelungen wäre, das Labyrinth zu verlassen. Jetzt mussten wir schnell handeln. Ich befreite die Athener Jugendlichen, wir eilten schnellstens zum Anleger, zerstörten die Schiffe des Minos und segelten mit unserem Schiff davon.'

Wir hatten alle atemlos und bewundernd gelauscht. Wann bekommt man schon mal, eine Geschichte. von einem Helden persönlich erzählt, zu Ohren. Alissa, meine gute Vertraute, hatte mir schon erzählt, dass Theseus Ariadne nicht geheiratet hatte und sie auf Naxos zurück gelassen hatte.

Diese Frage konnte ich mir einfach nicht verkneifen: ‚Warum hast du Ariadne nicht mit nach Athen genommen, sondern sie auf Naxos zurück gelassen?'

‚Weisst du, das ging nicht von mir aus, sondern es geschah auf ausdrücklichen Wunsch von Dionysos, der mir im Traum diesen Befehl gab. Was sollen wir armen Sterblichen gegen die Entscheidungen der Götter ausrichten?'

Theseus hielt einen Moment inne.

‚Eine traurige Geschichte muss ich euch abschliessend noch berichten. Ich hatte meinem Vater Aigeus, wie ich vorhin schon sagte, versprochen, nach erfolgreicher Rückkehr die schwarzen Trauersegel gegen weisse Segel auszutauschen. Durch den ganzen Trubel hatte ich das vergessen. Mein Vater sah nur das schwarze Segel, als wir uns der Küste näherten. Voller Enttäuschung stürzte er sich von einer Klippe in die Fluten. Jetzt trägt das Meer seinen Namen, aber das macht ihn auch nicht wieder lebendig.'

Tyndaraeus gähnte etwas. ‚So, liebe Gäste, für heute reicht es. Ich muss morgen in der Frühe mit einem Heer nach Messenien aufbrechen, da dort Unruhen ausgebrochen sind. Für die beiden Gäste wird eine Schlafgelegenheit hergerichtet.'

Am nächsten Morgen war vielfältige Unruhe im Palast, bis Tyndaraeus endlich mit seinen Kriegern in Richtung Taygetos-Gebirge aufbrach.

Theseus und sein Freund verhielten sich an diesem Morgen recht eigenartig, irgendwie waren sie hektisch und unruhig.

Bis Theseus endlich den Mund aufmachte.

‚Also liebe Helena, wir sind nicht zum Plaudern hierher gekommen. Wir wollen dich mit uns nehmen.'

Und ehe ich mich versah, schnappten sie mich und eilten zu ihren Pferden, die draussen angebunden waren. Alissa schrie laut auf und beschimpfte die beiden als treulose Gesellen, aber niemand hörte sie. Peirithoos nahm mich mit auf sein Pferd und wir ritten gen Norden.

Bei einem Halt klärte Theseus mich über ihre Pläne auf.

„Hör zu, wir sind beide ledig, wir haben unsere Frauen verloren. Daher wird einer von uns beiden dich heiraten, wenn du älter bist. Ich bin nicht mehr der Jüngste und habe daher nicht gewagt, in aller Form um deine Hand anzuhalten. Wir werden losen, wer von uns beiden dich später heiraten wird."

Und das taten die beiden denn auch. Es war schrecklich zuzusehen, wenn man wie eine Ware behandelt wird. Theseus gewann die Verlosung.

Dann hörte ich, wie er zu Peirithoos sprach: ‚Du hast mir jetzt als guter Freund geholfen. Ich verspreche dir, dir ebenfalls zu helfen, gleichgültig, welche Pläne du jetzt verfolgen wirst.'

Sie brachten mich nach Attika in das Dorf Aphidnai, wo die Mutter Aithra von Theseus lebte. Die Mutter versprach, auf mich aufzupassen, bis ihr Sohn zurückkehren würde. Beide hatten es jetzt eilig, denn Peirithoos hatte in meiner Anwesenheit seinen Plan verraten.

‚Du hast jetzt eine Frau gefunden und ich habe dir dabei geholfen, aber ich bin noch auf der Suche. Aber ich möchte ebenfalls eine Frau mit göttlicher Herkunft. Es geht in die Unterwelt. Ich möchte Persephone, die Tochter der Fruchtbarkeitsgöttin Demeter, jetzt Plutons Frau, für mich gewinnen.'

Theseus war zutiefst erschrocken. ‚Hast du dir überlegt, was du dir da vorgenommen hast? In die Unterwelt eindringen und die schwer bewachte Frau des Gottes der Unterwelt zu rauben?'

‚Wir hatten eine Abmachung getroffen. Ich habe dir geholfen, jetzt bist du dran.'

Die beiden verschwanden. Damals ahnte ich noch nicht, dass ich keinen der beiden je wiedersehen würde. Ehrlicherweise muss ich noch hinzufügen, dass Theseus mich nicht angerührt hatte. Ich war ihm noch zu jung.

Von meinen beiden Brüdern Kastor und Polydeukes hatte ich nichts mehr gehört, aber ich konnte mir nicht vorstellen, dass beide, stark und tapfer wie sie waren, diesen Raub, diese Schmach, diese Ehrverletzung für das Königshaus von Sparta auf sich sitzen lassen würden. Ob Klytemnaistra sich viele Gedanken über meine Entführung machen würde, wage ich zu bezweifeln. Selber schuld, könnte ich mir von ihrer Seite vorstellen, das hat sie jetzt davon! Wie bereits gesagt, war es ihr immer schon ein Dorn im Auge, dass sich immer alles um mich drehte und kümmerte. Zudem war sie jetzt in einem Alter, in dem das Wort Männer oder Heirat bei ihr im Vordergrund stand.

Mir blieb also vorläufig nichts anderes übrig, als bei Aithra auszuharren. Sie verwöhnte mich sehr. Im gewissen Sinn war sie auch stolz, dass ihr Sohn mich als Frau begehrte. Manchmal hatte ich das Gefühl, als ob sie mich immer wieder bewundernd anschaute und dabei vielleicht ihrer eigenen vergangenen jugendlichen Schönheit nachtrauerte.

Dann kam ein Bote aus Athen. Kastor und Polydeukes waren mit einer Streitmacht aus Sparta vor Athen aufmarschiert und hatten die Stadt erobert, da Theseus nicht anwesend war. Sie hatten gedroht, in ihrem Zorn ganz Attika zu verwüsten, wenn die Athener nicht den Ort meiner Gefangennahme hier in Aphidnai verrieten. Ein vernünftiger Mann namens Akademos wollte dem Treiben ein Ende setzen und gab meinen Aufenthaltsort preis. Sofort zogen meine Brüder hierher und befreiten mich. Aithra nahmen sie gleich mit, sie sollte mir fortan trotz ihres fortgeschrittenen Alters als Dienerin zur Seite stehen.

In Sparta bereitete man mir einen begeisterten Empfang und Tyndaraeus lobte meine beiden Brüder über alle Maßen, da sie die Ehre unseres Königshauses wieder hergestellt hatten.

Später erreichten uns dann noch die Gerüchte, dass Peirithoos mit seinem wahnsinnigen Vorhaben, die Herrscherin des Hades zu entführen, kläglich gescheitert war und für immer in der dunklen Welt verbleiben musste. Theseus soll später von Herakles aus dem Hades befreit worden sein, sein Königsthron in Athen war aber inzwischen anderweitig besetzt.

Meine beiden Brüder waren stolz auf ihren „Eroberungsfeldzug", vor allem dass es ihnen ohne grosses Blutvergiessen gelungen war. Klytemnaistra konnte sich aber eine bissige Bemerkung nicht verkneifen: ‚Na siehst du, jetzt hast wenigstens mal etwas Aufregendes erlebt. Du hast dich doch so oft darüber beschwert, dass es hier am Königshofe zu langweilig sei.'

Ich habe sie nur gross angeschaut, aber nichts dazu gesagt.

Die Geschichte von Ikaros und Daidalos

Einige Tage nach meiner Rückkehr nahm mich Alissa beiseite.

„Du hast dich jetzt ja von der unschönen Entführung redlich erholt. Jetzt will ich dir noch eine traurige Geschichte erzählen, die Theseus damals vergessen hat zu erwähnen. Du kannst dich noch an Daidalos erinnern, der das Labyrinth für den Minotauros gebaut hatte. Er soll ein genialer Baumeister gewesen sein, durfte aber auf Anordnung von König Minos Kreta nicht mehr verlassen. Daidalos hatte einen Sohn, er hiess Ikaros. Irgendwann überlegten sie, wie sie Kreta endlich verlassen und fliehen könnten. Mit dem Schiff war es unmöglich, denn Minos überwachte alle Häfen. Da hatte Daidalos, voller Ideen wie er war, einen Einfall. ‚Wenn wir schon nicht über das Meer fliehen können, dann bleibt uns nur die Luft. Schau dir nur die Vögel an wie leicht sie in der Luft fliegen. Wir bauen uns zwei Flügelpaare und verkleben deren Federn mit Wachs.' Er ermahnte seinen Sohn ‚Flieg nicht so tief, sonst stösst du mit den Wellen zusammen und du würdest ertrinken. Aber auch nicht zu hoch, denn die Sonne ist stark und gefährdet das Wachs.' Also erhoben sich beide in die Luft. Daidalos flog voran, schaute sich öfter um, doch Ikaros wurde beschwingt leichtsinnig durch das überwältigende Erlebnis, die Welt von oben zu schauen, und flog immer höher, der Sonne entgegen. Da schmolz das Wachs, die Federn fielen auseinander und Ikaros stürzte ohne Halt kurz vor der Insel ins Meer, die später nach ihm Ikaria benannt wurde."

Das gab mir zu denken. Übermut scheint eine gefährliche Eigenschaft zu sein, die die Götter nicht zu schätzen scheinen.

Die Heirat von Klytemnaistra

Es war ein grosses Ereignis. Ich hatte es gar nicht mitbekommen, dass Boten zwischen Mykene und Sparta unterwegs gewesen waren. Dann wurde es bekannt.

Klytemnaistra würde den berühmten König Agamemnon aus dem ebenso berühmten Geschlecht der Atriden heiraten.

Alissa hatte bereits einiges über deren Geschichte in Erfahrung gebracht.

Agamemnon kam mit einem grossen Gefolge, wie es sich für einen König geziemt, um offiziell bei meinem Vater um die Hand Klytemnaistras anzuhalten.

Er war ein grosser, stattlicher Mann mit vollem dunklem Haar und einer kräftigen Stimme, der von sich sehr überzeugt schien.

Mein Vater war wohl sehr stolz, für seine älteste Tochter einen so berühmten Mann gefunden zu haben.

Jetzt herrschte im Schloss reges Treiben. Alles was Klytemnaistra mitnehmen sollte und wollte, wurde draussen auf drei Esel gepackt. Ein vierter Esel war für Klytemnaistra als Reittier gedacht. Ausnahmsweise kontrollierte Leda diesmal das gesamte Tun.

,Das ist Frauensache, das geht euch Männer nichts an! Was wisst ihr schon darüber, was eine junge Frau braucht, wenn sie in den Stand der Ehe tritt!'

Alissa schaute interessiert zu, hielt sich aber aus dem ganzen Treiben heraus.

Endlich schien alles Notwendige getan zu sein und die Sachen wurden auf den Eseln festgezurrt.

Klytemnaistra verabschiedete sich von uns und drückte uns alle. Es war das erstemal, dass ich Tränen in ihren Augen sah. Trotz aller Vorfreude auf die Hochzeit, fiel es ihr wohl doch irgendwie schwer, die gewohnte und angestammte Heimat zu verlassen.

Einen Satz musste sie aber bei mir zum Schluss noch loswerden.

,Na hoffentlich wird es dir auch mal gelingen, einen Ehemann zu finden, der zu dir passt.'

Dann half man ihr auf den einen Esel und die ganze Gruppe verliess unser Schloss, Wir schauten ihnen noch lange hinterher, bis sie nicht mehr zu sehen waren.

Meiner Mutter schien es überhaupt nichts auszumachen, dass nun ihre älteste Tochter nicht mehr bei ihr war. Mein Vater machte einen etwas traurigen Eindruck. Die Brüder Kastor und Polydeukes waren davon unberührt, für sie war das Ganze nichts weiter als eine willkommene Abwechslung.

Wenn ich so zurückdenke, dann war ich doch ein wenig traurig. Auch wenn wir uns nicht gerade blendend verstanden, so konnte ich sie hin und wieder etwas fragen, immerhin war sie die Ältere. Sie konnte es aber nie unterlassen, eine Antwort stets mit einem schnippischen Unterton zu verbrämen.

Die vielen Freier um mich herum

Es vergingen wohl ungefähr zwei bis drei Jahre.

Eines Tages nahm mein Vater mich beiseite.

‚Mein liebes Kind,' das hatte er noch nie zu mir gesagt, daher musste das Gespräch wohl etwas Wichtiges werden, ‚du bist ja nun auch in einem Alter, in dem man an seine Zukunft denken sollte. Hast du dir schon mal darüber Gedanken gemacht, wer dich einmal als Braut nach Hause führen sollte.'

Nein, hatte ich nicht! Das ungebundene Leben, die ständige Bewunderung aller Bediensteten und die Ausflüge mit Alissa in die umgebende Nähe – was brauchte ich da mehr. Sicher, so ab und zu habe ich mir insgeheim den einen oder anderen Diener oder Besucher angeschaut, wenn sie mir als hübsch und interessant erschienen. Mehr aber auch nicht!

Doch mein Vater liess nicht locker.

‚Es ist nicht schön, wenn eine Frau allein bleibt. Alissa ist da eine Ausnahme, sie kommt mit ihrem Leben gut zurecht. Sie hat mit deiner Erziehung eine dankbare Aufgabe gefunden.'

Er machte eine kleine Pause.

„Es gibt in Hellas viele berühmte Männer, die noch ledig sind. Ich habe davon gehört, dass sie alle um dich werben möchten. Jedoch nur einer dieser Edlen ist es wert, dich als Ehefrau nach Hause zu führen. Denn deine Schönheit hat sich im ganzen Land und auf allen Inseln herumgesprochen. Du kannst also wählen, wer dir von allen am besten gefällt. Ich will sie alle im nächsten Jahr hierher nach Sparta einladen. Das wird ein berühmtes Fest werden, von dem noch viele Generationen erzählen werden. Und du stehst im Mittelpunkt! Wie ich dich kenne, hast du das doch schon immer genossen.'

Und Vater liess seinen Worten Taten folgen.

Im folgenden Jahr schickte er Boten an alle Fürsten- und Königshöfe von Hellas. Sie verkündeten den Plan von Tyndaraeus, seine zweite Tochter Helena zu verheiraten. Wer die Absicht hätte, um sie zu werben, der möge sich im nächsten Frühjahr als Gast in Sparta einfinden.

Und sie kamen! Wenn ich mich recht erinnere, waren es alles in allem fast vierzig Bewerber. Drei Tage lang strömten sie, so muss ich es fast nennen, in den Königshof hinein. Auf der einen Seite war mein Vater regelrecht stolz, dass so viele seinem Aufruf gefolgt waren. Auf der anderen Seite kamen ihm aber auch Bedenken. Denn ich konnte nur einen erwählen. Und was war dann mit den anderen, die umsonst gekommen waren und unverrichteter Dinge wieder heimkehren mussten? Würden sie es als persönliche Kränkung empfinden und eventuell uns mit kriegerischen Massnahmen bedrohen? Mein Vater hatte sich für diesen Fall noch keine Lösung ausgedacht.

Aber erst einmal eine kleine Übersicht der Bewerber.

Einige kamen mehr oder weniger aus Neugier oder nur als Begleiter. So erschien der im Alter ergraute Nestor, der König von Pylos, mit seinem Sohn Antilochos, ein hübscher junger Mann, leider gefiel mir seine Nase nicht so recht. Patroklos kam mit seinem sechsjährigen Zögling, Achilleus, den Sohn des Peleus und göttlichen Thetis, den ich erst wieder vor Troja erleben durfte. Ein Riese von Gestalt war Aias von Salamis, den ich äußerst ungern als Ehemann hätte. Von Kreta reiste mit einem Schiff mit schwarzen Segeln Idomenaeus an, vornehm und zurückhaltend. Ein weiterer, den ich nie vergessen werde, war Odysseus von der kleinen Insel Ithaka, breitschultrig und selbstbewusst.

Plötzlich stiess jemand mich ein wenig an die Schulter. Ich drehte mich um. Klytemnaistra war es, sie kam mit ihrem Mann Agamemnon und ihrer kleinen Tochter Iphigenie. Seit ihrer Hochzeit hatten wir uns nur zwei- oder dreimal gesehen, da der Weg nach Mykene stets beschwerlich war. Und wenn ich ehrlich, so richtig gefiel mir der Ort und auch der Herrscherpalast nicht. Alles war ein bischen finster.

Agamemnon hub mit seiner lauten Stimme an: ‚Ich komme natürlich nicht als Brautwerber, sondern ich bin hier, um für meinen Bruder Menelaos als Fürsprecher zu werben. Er musste mit ein paar Männern ausrücken, um in der Nähe Streitigkeiten zu schlichten. Aber er wird in den nächsten Tagen selbst nachkommen.'

Klytemnaistra hatte mir schon so nebenbei empfohlen, ich solle mich für ihren Schwager Menelaos entscheiden. Er sei ein Mann ohne Tadel und nicht so herrisch und gebieterisch wie sein Bruder

Ich will sie nicht alle aufzählen, sonst reicht mein Vorrat an Papyros nicht aus.

Jeder bekam die Gelegenheit, sich und seine Vorzüge darzustellen. Woher er käme und was er der jungen schönen Braut zu bieten hätte.

Vorher hatte jedoch Odysseus noch eine längere und anscheinend wichtige Unterhaltung mit meinem Vater. Ich stand hinter einem Vorhang und hörte heimlich zu.

‚Also, mein geschätzter Tyndaraeus, ich habe dir für die jetzige Brautwahl etwas vorzuschlagen. Du weisst, wenn ihr oder Helena sich für einen entscheidet, kann es sein, dass ihr die anderen, die nicht erwählt wurden, zum Feinde habt. Bevor ich dir meine Idee unterbreite, möchte ich dich um etwas bitten. Nicht um Helenas Hand. Ich bin nicht so reich wie viele der Männer hier. Ich habe nur eine kleine, weit entfernte Insel zu bieten. Aber ich möchte, dass du bei deiner Nichte Penelope ein Wort für mich einlegst. Sie möchte ich gern heiraten.'

‚Wenn das dein einziger Wunsch ist, dann werde ich bei meinem Bruder ein Wort für dich einlegen. Aber jetzt verrate mir, was du mir noch an Ratschlägen geben willst.'

‚Du weisst, es sind alles ehrenvolle Männer, die hier zusammen gekommen sind. Aber sie sind Männer und manchesmal etwas hitzköpfig, besonders dann, wenn sie enttäuscht werden. Daher empfehle ich dir, vor die Männer hinzutreten und sie schwören zu lassen, dass jeder die Wahl Helenas – nicht deine Wahl – respektiert und sich damit zufrieden gibt. Sollte jemand die Wahl aber nicht akzeptieren und deswegen Streit anfangen, so sollen alle verpflichtet sein, sich schützend vor Helena und ihren neu gewählten Mann zu stellen.'

Meinem Vater schien dieser Vorschlag zu gefallen.

Am nächsten Morgen versammelten sich alle Freier ausgeschlafen im Megaron. Jeder gab in Kürze kund, wer er sei, was er zu bieten habe und so weiter. Ich will nicht alle Reden aufzählen, es würde zu weit führen. Zum Schluss erhob sich Odysseus mit einer Ansprache an die Männer.

‚Ihr ehrenvollen Männer aus Hellas, die ihr weite Anreisen nicht gescheut habt und dem Ruf von Tyndaraeus gefolgt seid, ich möchte euch etwas mitteilen. Ich weiss, dass der heutige Tag vielleicht für den einen oder anderen mit einer grossen Enttäuschung enden wird. Aber wir haben ein Problem. Helena, die schönste aller lebenden griechischen Frauen, kann nur einen von euch auswählen. Die anderen unter euch müssen dann wohl oder übel ohne Groll diese Entscheidung respektieren. Alles weitere wird euch jetzt Tyndaraeus selbst mitteilen.'

Mein Vater machte einen ruhigen Eindruck, als er sich erhob und vor die versammelten Männer trat, Ich sass an seiner Seite, wie er auf einem einfachen Stuhl, und konnte ihn daher gut beobachten.

,Hoch geschätzte Freunde, wir stehen heute vor einer wahrlich schwierigen Entscheidung.

Obwohl man uns Spartaner nachsagt, wir seien kurz angebunden, heute doch einmal einige Worte mehr. Also: Nur ungern gebe ich meine Tochter her, die mir ans Herz gewachsen ist und als Kind uns allen viel Freude bereitet hat, aber es ist nun mal das Los einer jungen Frau, Mutter und Vater zu verlassen und eine eigene Familie zu gründen. Ihr seid hierher gekommen, um sie als Ehefrau mit nach Hause führen. Wie ihr unschwer erkennen könnt, kann aber nur einer von euch derjenige sein, für den Helena sich entscheiden wird. Enttäuschte Männer haben manchmal die Angewohnheit, ein ihnen missliebiges Ergebnis nicht hinzunehmen und mit Streit zu antworten. Ich möchte jedoch, dass ihr alle friedlich und unversehrt in eure heimatlichen Gefilde zurückkehrt. Und ich möchte euch noch um eines bitten: Ihr alle müsst schwören, Helenas Wahl zu akzeptieren und sollte jemand – gleichgültig wer es ist – versuchen wollen, die Entscheidung anzufechten oder sich ihr gar zu widersetzen, so müsst ihr alle den Auserwählten schützen und verteidigen, und sei es mit Waffengewalt.'

Im Megaron kehrte plötzlich nachdenkliche Stille ein.

Ich dachte so bei mir, ob wohl die anderen, die nicht erwählt werden, Sparta verlassen werden.

Als letzter traf jetzt doch noch Menelaos ein. Er wirkte ein wenig abgehetzt und erschöpft.

Jetzt übernahm mein Vater wieder das Wort.

,Also, liebe Freunde, so darf ich euch jetzt sicher nennen, wenn ihr mit meinen Bedingungen einverstanden seid, so bitte ich euch, zum Zeichen eures Schwures und Einverständnisses die rechte Hand zu heben.'

Zögernd hob einer nach dem anderen die Hand.

,Ich werde mich jetzt mit Helena zurückziehen und alles mit ihr ausführlich besprechen.'

Draussen fing mich Klytemnaistra ab und pries nochmals die Vorzüge von Menelaos.

‚Meinst du, er hat es auf den Thron von Sparta abgesehen, wenn Tyndaraeus nicht mehr regieren will?"

‚Mit Sicherheit nicht, aber er möchte weg aus Mykene – er hat lange genug im Schatten von Agamemnon gestanden.'

Dann zog mein Vater mich weiter.

‚Komm jetzt, wir haben einiges zu besprechen. Es geht um eine ganz wichtige Entscheidung!'

Nun, da es langsam Ernst wurde, beschlichen mich doch einige Zweifel. Im Grunde wollte ich Sparta nicht verlassen. Dann holte ich ein paar Mal tief Luft. Es musste jetzt einfach sein, es gab kein zurück, ich musste meine Wahl treffen und mich für die Zukunft entscheiden.

Meine Dienerinnen umhüllten mich mit einem langen weissen Kleid und mein Vater drückte mir einen Olivenzweig in die Hand.

‚Mit ihm zeichnest du deinen zukünftigen Mann aus.'

Mit stark klopfendem Herzen trat ich nun vor die Männer. Alle schauten erwartungsvoll auf mich.

Ich blickte mich um und ging auf Menelaos zu. Den Ölzweig legte ich ihm auf die Schulter und sagte ganz einfach: ‚Du bist mein zukünftiger Ehemann.'

Menelaos blickte mich im ersten Moment wie erschrocken an, dann glitt ein Lächeln über sein Gesicht.

‚Komm und tritt an meine Seite, damit jeder sieht, wen ich gewählt habe.'

Die anderen Männer schwiegen und machten enttäuschte Gesichter wie nicht anders zu erwarten war.

Kastor und Polydeukes, die inzwischen dazu gekommen waren, schossen auf ihn zu und hakten sich an beiden Seiten bei ihm unter.

‚Endlich noch ein junger Mann bei uns am Hof. Dann kannst ja mit uns kämpfen!'

‚Nun mal langsam,' schritt mein Vater ein und ging auf Menelaos zu: ‚Herzlich willkommen an meinem Hof und als Schwiegersohn,' und umarmte ihn, ‚jetzt wollen wir das Ereignis gemeinsam feiern, damit ihr, liebe Freunde, mit einem fröhlichen Gefühl, auch wenn es schwer fällt, unser gastliches Sparta verlasst und euch auf den Heimweg macht. Unsere

Diener haben alles vorbereitet, trinkt und esst und geniesst.'

Am nächsten Morgen herrschte Unruhe bei uns am Hof. Die meisten Gäste waren schon bei Sonnenaufgang aufgebrochen und es wurde langsam ruhiger im Schloss.

Die Hochzeit sollte in Mykene stattfinden und Menelaos hatte eine Kutsche mit zwei Pferden auf Verdacht mitgebracht und mit ihr fuhren wir nach Mykene.

Sämtliche Diener und Dienerinnen waren emsig mit den Vorbereitungen beschäftigt, Klytemnaistra übernahm die Aufsicht, hatte sie doch bereits mit ihrer eigenen Hochzeit Erfahrungen gesammelt.

Eine Priesterin von einem in der Nähe gelegenen kleinen Tempel der Hera führte die eigentliche Zeremonie durch. Sie legte meine und Menelaos' Hände ineinander und bat um den Segen der Herrin vom Olymp. Damit war die Ehe vollzogen.

Eine Feier in der Burg schloss sich an, zu der sämtliche nahen und weiten Verwandten eingeladen waren. Zu vorgerückter Stunde stiessen alle noch einmal auf das Wohl des Brautpaares an und geleiteten mich und Menelaos in das mit Blumen und Olivenzweigen geschmückte Zimmer von Menelaos. Hinter uns schloss sich die Tür.

Meine Ehe mit Menelaos

Beinahe hätte ich noch eine wichtige Begebenheit vergessen: Zwei Tage nach unserer Hochzeit nahm Tyndaraeus mich und Menelaos beiseite.

‚Ich habe ein besonderes Geschenk zur Hochzeit für euch. Ich bin ja nun etwas älter und bin der vielen Aufgaben und Verpflichtungen, die man als Herrscher eben hat, etwas leid. Daher möchte ich dir, lieber Menelaos, die Königswürde als meinem Nachfolger übertragen. Liebe Helena, das habe ich bereits mit Kastor und Polydeukes besprochen. Sie sind beide einverstanden, denn du, Menelaos, bist einige Jahre älter als sie, das heisst, sie verzichten beide auf die Königswürde.'

Wir bedankten uns ganz herzlich. Eine riesige Überraschung, mit der keiner von uns gerechnet hatte. Und ich habe mich besonders darüber gefreut, bedeutete es doch, wieder in Sparta zu leben und nicht hier in Mykene.

Ja, so wurde ich also Königin von Sparta und wir verliessen nach einigen Tagen Mykene. Klytemnaistra war wohl etwas traurig und Iphigenie, die ich richtig lieb gewonnen hatte, winkte uns beim Abschied lange hinterher.

Jetzt noch ein anderes Thema!

Sicher möchten jetzt viele neugierige Leser einiges über unser Liebesleben erfahren. Ich habe lange mit mir gerungen und habe mich entschlossen, darüber weitgehend Stillschweigen zu bewahren. Es sind so persönliche Momente und Erfahrungen und die möchte ich nicht mit anderen Menschen teilen. Auch wenn es lange zurück liegt.

Zugegeben, so manches war für mich befremdlich und neu, meine Mutter und auch Aithra hatten mit oft blumigen Worten versucht, mich auf das Eheleben vorzubereiten. Aber in der Praxis sieht eben vieles anders aus.

Menelaos war ein zärtlicher und liebevoller Gatte und er tat alles in seinen Kräften,um mich glücklich zu machen. Seine Worte waren oft:

‚Ich bin so glücklich, dass du an meiner Seite bist und möchte daher auch, dass du ebenso glücklich bist.'

Nach einem Jahr kam unsere Tochter Hermione zur Welt. Vielleicht war er etwas enttäuscht, dass es kein Sohn war, aber er liess es sich nicht anmerken. Schliesslich hatte sein Bruder als erstes Kind mit seiner Iphigenie ebenfalls eine Tochter geschenkt bekommen.

Aithra und Alissa kümmerten sich liebevoll um die Kleine. Immer wieder hörte ich Alissa sagen: ‚Sie wird bestimmt einmal so hübsch werden wie ihre Mutter.'

Weil sie keine eigenen Kinder hatte, war sie ganz vernarrt in Hermione.

‚Schau dir mal ihre Augen an, genau wie deine. Und blonde Haare bekommt sie wohl auch und nicht so dunkle wie der Vater.'

Insgesamt verlebten wir miteinander friedliche Jahre und ahnten nicht, welch atemberaubende Ereignisse das Schicksal und die Götter für mich und natürlich auch für meinen Mann vorgesehen hatten. Darüber will ich in den nächsten Kapiteln ausführlich berichten.

Ausflug nach Kythera

Diesen Ausflug auf die Insel Kythera verdanke ich einer Erzählung von Alissa. Sie hatte davon von ihren Eltern gehört und von ihren Besuchen bei Kallisthenes brachte sie wohl noch weitere interessante Einzelheiten mit, die ich erst gar nicht glauben wollte.

‚Weißt du, dass es drüben auf der anderen Seite der Ägäis einen Dichter gab, der über die Entstehung der Götter geschrieben hat?'

Ich war immer mit meinem kindlichen, jugendlichen Gemüt der Ansicht, dass die Götter schon immer vom Anfang der Welt an da waren.

‚Nein, nein, so ist es nicht,' schränkte Alissa meinen Einwand ein, ‚auch die Götter kommen irgendwo her. Ich will nicht alles ausführlich erzählen, aber nur in Kürze: Es begann mit dem geheimnisvollen Eros sowie mit Uranos, dem Himmel, und Gaia, der Erde. Und die hatten einen Sohn, der hiess Kronos, der sich irgendwann gegen den Vater auflehnte und ihn mit einer Sichel verletzte. Dieser Teil des Vaters fiel in die Nähe der Insel Kythera herab auf das Meer. Dank der göttlichen Urkraft schäumte des Meer auf und es bildete sich eine wunderschöne Frau, die schwimmend, unterstützt vom sanften Südwestwind Zephyros die Insel Zypern erreichte und dort im Süden der Insel an Land ging. Dort wurde sie von den Horen empfangen, die sie auf den Olymp geleiteten, wo sie von Zeus und allen anwesenden Göttern begrüsst wurde. Ja, nun wirst du vielleicht fragen, wie kommt das? Eben sind es noch alte Götter und auf einmal wird sie vom Zeus begrüsst. Nun, das darfst du nicht so genau nehmen, so ist es halt bei solch alten Sagen und Geschichten. Sie spielen einfach mit der Zeit, als ob es sie gar nicht gäbe. Warum erzähle ich dir das alles? Weil es um die Göttin Aphrodite geht, die dir herzlich und wohltätig gesonnen ist. Du könntest fast ihre Tochter sein. Und auf der Insel Kythera gibt es einen Tempel, der der Göttin Aphrodite geweiht ist. Den sollten wir demnächst einmal besuchen und ihr duftende Rosen als Geschenk darbringen.'

Hätte ich damals geahnt, welche Folgen dieser Vorschlag nach sich gezogen hatte, ich wäre sicherlich kaum nach Kythera gefahren. Aber gegen den Willen der Götter, die über uns nach Belieben verfügen, kann man sich wohl nur schwerlich auflehnen.

Mit einem Schiff meines Vaters segelten wir von dem kleinen Fischerdörfchen Neapoli hinüber nach Kythera. Ich war noch nie auf einem Schiff gewesen und mir war etwas unwohl, denn der Wind Zephyros blies recht kräftig aus dem Südwesten und das Boot schaukelte in den Wellen. Alissa bemerkte es sogleich.

‚Schau nicht auf das Meer und auf den Horizont, sondern nach unten, Dann wird es dir gleich besser gehen.'

Sie hatte einige Erfahrungen mit dem Meer, hatte sie doch als Kind ihren Vater häufig beim Fischfang begleitet.

Kythera war eine wunderschöne Insel, voller Grün und mit vielen Blumen. Am Tempel, der ungefähr in der Mitte der Insel lag, wurden wir von zwei Priesterinnen

Überfahrt nach Kythera; Antoine Watteau

der Aphrodite empfangen. Ihre weissen Kleider leuchteten in der Sonne, ihre Haare waren mit Blumen geschmückt. Alissa erklärte unser Vorhaben und stellte mich vor.

Die jüngere der beiden Priesterinnen schaute mich erstaunt mit grossen Augen an.

‚Wüsste ich jetzt nicht, wer du bist, fast hätte ich geglaubt, Aphrodite persönlich würde ihrem eigenen Tempel einen Besuch abstatten. Seid herzlich willkommen und tätigt, was immer ihr vorhabt.'

Der Tempel war nur sehr klein. Zwei Säulen zierten den Eingang. Im Inneren, in weihevoller Stille, brannten zwei Kerzen und es duftete nach Kräutern und Weihrauch.

Alissa gab mir die Rosen, die sie unterwegs gepflückt hatte.

Hinter den Kerzen stand ein kleines Bild und davor die Figur eines kleinen Knaben, der lustig anzusehen war. Direkt davor legte ich die Rosen nieder.

Unterdessen war es draussen etwas unruhig geworden. Eine Gruppe junger Männer war angekommen, geführt von einem blendend aussehenden jungen Mann. Er hatte blondes Haar, eine sportliche Figur und war braun gebrannt.

Als er mich von weitem erblickte, blieb er wie angewurzelt stehen.

Er schickte einen seiner Gefährten, um sich bei einer meiner Dienerinnen zu erkundigen, wen er vor sich hätte.

Diese Dienerin, Chryseis mit Namen, war eine ziemlich schlagfertige junge Dame und ich hörte von weitem ihre Antwort.

‚Was, das wisst ihr nicht? Das weiss doch hier jedes Kind. Das ist Helena, die Gemahlin unseres Herrschers Menelaos. Und wenn ihr schon so neugierig fragt, so sagt mir doch, wer ihr seid und woher ihr kommt?'

‚Wir kommen vom stolzen Troja und sind auf dem Weg zum Peloponnes. Und das ist Paris, der Sohn des berühmten Königs Priamos von Troja.'

Ich hatte nur einen kurzen Blick auf den Führer geworfen, denn es ziemt sich für eine Frau meines Standes, immerhin Frau eines Königs nicht, einen längeren Blick auf andere und dazu noch fremde Männer zu werfen.

So im Nachhinein glaube ich, dass sich jetzt Aphrodite in das Geschehen einmischte und das Handeln in die Hand nahm. Ich überwand meine Scheu und ging auf Paris zu.

In der Tat, er sah aus wie ein junger Gott.

„Ihr kommt von Troja, habe ich vernommen. Ein langer Weg übers Meer bis hierher. Was ist der Grund eures Besuches?"

Paris schaute mich unentwegt an, bevor er antwortete.

‚Es hat sich bis nach Troja herumgesprochen, dass hier auf Kythera ein Tempel der Aphrodite sei. Und wir wollten, bevor wir weiterfahren, dem Tempel einen Besuch abstatten und ihr ein Dankesopfer bringen'

Die ganze Geschichte mit dem goldenen Apfel und seine Begegnung mit den drei Göttinnen hat er mir damals wohlweislich verschwiegen.

Aphrodite liess nicht locker.

Und bei uns am Königshofe war nicht allzu viel los, ja manchmal war es regelrecht langweilig.

‚Ihr seid ein Königssohn. Was haltet ihr davon, wenn ihr eure Reiseroute etwas ändert und uns in Sparta besuchen kommt. Mein Mann Menelaos ist ein grosszügiger Gastgeber und heisst Besuch immer herzlich willkommen.'

Dann verabschiedete ich mit meinen Dienerinnen. Ich hörte noch, wie Paris laut zu seinen Gefährten sagte: ‚Männer, macht unten am Hafen die Segel klar. Wir segeln hinüber aufs Festland und statten Sparta einen Besuch ab.'

Alissa wiegte auf der Heimfahrt bedenklich das Haupt. Irgendetwas schien ihr nicht zu gefallen.

‚Warst du nicht ein bischen zu voreilig mit deiner Einladung. Wäre es nicht sinnvoller gewesen, sich vorher mit Menelaos abzusprechen?"

Ich versuchte ihre Bedenken etwas zu zerstreuen.

„Es war doch ein sympathischer junger Mann und ich denke, dass Menelaos ihn auch schätzen wird."

Aphrodite schien sich köstlich zu amüsieren. Hatten doch all ihre Pläne bislang geklappt.

Und ich war ein fast willenloses „Opfer" ihrer Versprechungen.

Paris in Sparta

Zwei Tage nach unserer Rückkehr von Sparta tauchte Paris mit seinen Gefährten auf. Wie von mir erhofft, begrüsste Menelaos ihn ausserordentlich herzlich und lud ihn und seine Mannen ein, für ein paar Tage bei uns zu verweilen.

Abends beim Gastmahl hatten ich und Paris erstmals die Gelegenheit, ein paar Worte miteinander zu wechseln. Fast hatte ich das Gefühl, er wollte mich mit seinen Augen verschlingen. Das war mir vor den anderen Gästen und meiner Familie etwas unangenehm.

Mein Vater fragte ihn nach Troja und vor allem, wie ihre Fahrt gewesen sei. Ob Poseidon ihnen eine ruhige Reise gegönnt hätte. Das Gespräch mit meinem Vater lenkte Paris etwas ab. Ich hatte mich an diesem ersten Abend früh verabschiedet, denn die weiteren Themen waren wohl mehr oder weniger für Männer interessant.

Zwei Tage später traf ich Paris im Garten.

‚Was hat dich eigentlich bewogen, von Troja aufzubrechen?' fragte ich ihn.

Er schien froh, über sich erzählen zu können.

‚Das ist eine lange Geschichte. Eigentlich dürfte es mich gar nicht geben. Wie man mir nachher erzählte, hatte meine Mutter Hekabe, als sie mich unterm Herzen trug, einen entsetzlichen Traum. Sie träumte, sie würde mit mir einen Fackelbrand gebären, der ganz Troja in Flammen setzen würde. Erschrocken berichtete sie meinem Vater Priamos darüber. Der liess einen Sohn von einer Nebenfrau mit Namen Aisakos zu sich kommen, dem man Traumdeutung nachsagte. Er kam zu dem Schluss, meine Geburt würde Troja ins Verderben stürzen und man solle das zukünftige Kind aussetzen. Als ich zur Welt kam, übergab mein Vater, gegen den Willen meiner Mutter, mich einem Hirten namens Agelaos, der mich am Berg Ida aussetzen sollte. Er tat wie befohlen. Und eine Bärin soll mich gefunden habe und mir Milch gegeben haben. Nach fünf Tagen fand der Hirte mich gesund und munter im Wald liegen, hob mich auf, nahm mich mit in seine Hütte und erzog mich wie sein eigenes Kind. Er nannte mich Paris.

Ich wuchs bei ihm auf und hütete mit ihm zusammenn seine Herden. In der Nähe, an einer kleinen Quelle, lebte eine hübsche Nymphe mit Namen Oinone, die mich in ihr Herz geschlossen hatte. Sie besass grosse seherische Fähigkeiten. In ihrer Pflanzenapotheke hatte sie zudem für jede Krankheit stets ein Zaubermittel parat.

Eines Tages, ich war wohl ungefähr fünfzehn Jahre alt, als ich ein fast unheimliches Erlebnis hatte. Du wirst es mir vielleicht nicht glauben, aber ich erzähle die reine Wahrheit. Ich stand an einen Baum gelehnt und schaute mir die prachtvolle Landschaft an. Plötzlich bebte die Erde und der Götterbote Hermes, halb von seinen Flügeln getragen, halb auf seinen Füssen stehend, tauchte vor mir auf. In seiner Hand den goldenen Botenstab.

,Du bist ein hübscher Jüngling und vom Göttervater Zeus auserkoren, ein wichtiges Urteil zu fällen. Hier werden gleich hinter mir drei olympische Göttinnen erscheinen und dir ist die überaus schwierige Aufgabe übertragen, die schönste von ihnen zu wählen. Hera wird dir einen goldenen Apfel mit der Aufschrift ,Der Schönsten' überreichen und dann obliegt es dir, ihn der schönsten von den dreien zu überreichen. Überlege gut, was du da tust und was du anrichtest.'

,Ich konnte so schnell gar nicht nachdenken, da war Hermes mit seinen Flügeln schon wieder verschwunden. Und plötzlich standen sie vor mir, strahlend schön, in weisses Leinen gekleidet. Kaum traute ich mich, sie anzuschauen.'

,Hier sind wir, wie dir Hermes angekündigt hat,' sagte die erste, die an Grösse die beiden anderen überragte ,ich bin Hera, die Gattin und Schwester des Zeus. Wenn du, der du nur ein kleiner Hirte bist, mir den Zuspruch ,Der Schönsten' zukommen lässt, will ich dir dank meiner Macht die Herrschaft über eines der schönsten Reiche dieser Welt schenken.'

Da hub die zweite an. Sie hatte tiefblaue Augen und jedes Wort von ihr schien wie ein Rätsel. ,Ich bin Pallas Athene, die Göttin der Weisheit. Solltest du mir diesen Apfel als dein Urteil übergeben, so will ich dir grossen Ruhm unter den Menschen bescheren. Selbst die grossen Philosophen von Hellas sollen neben dir verblassen.'

Da schaute die dritte mich mit leuchtenden Augen und einem bezaubernden Lächeln an.

‚Was nützen dir grosse Länder mit Reichtum jeglicher Art? Wozu brauchst du Weisheit und Philosophie, wenn dir eines fehlt, was dein Herz froh und heiter macht? Nämlich die Liebe einer schönen Frau. Ich bin Aphrodite, die Göttin der Liebe. Ich werde dafür sorgen, dass du die

Das Urteil des Paris; Peter Paul Rubens

Das Urteil des Paris; Sandro Botticelli
Es ist interessant zu sehen, wie die einzelnen Maler dieses berühmte Urteil auf ihre Weise sehen und wie sie die drei Göttinnen darstellen

schönste Frau der Welt in deinen Armen als Gattin haben sollst.'

Mir war richtig schwindlig vor diesen verschiedenen Versprechungen. Ich schaute sie mir aufgeregt der Reihe noch einmal an. Aphrodite schien mir die anmutigste und ihre Ankündigungen liessen mich in froher Erwartung. So überreichte ich ihr den goldenen Apfel und empfing dafür noch einmal ein strahlendes Lächeln. Die beiden anderen Göttinnen wandten sich erzürnt ab und verliessen die einsame Gegend als ob sie nie da gewesen wären. Das sollte noch Folgen für mich und meine Heimat Troja haben. Aphrodite bat mich noch um etwas Geduld, sie müsse mir noch etwas erläutern.'

Alissa war hinzu getreten und hatte die letzten Sätze mitgehört.

,Hermione weint und ruft nach dir. Sie lässt sich von mir nicht trösten.' Man sah ihrem Gesicht an, dass sie ein wenig nachdenklich war.

Das war ja eine spannende Geschichte, wenn sie sich wirklich zugetragen haben sollte. Ich bat Paris, mir ein andermal die Geschichte weiter zu erzählen. Jetzt hatte meine kleine Tochter nun mal Vorrang. Trotzdem war ich gespannt, wie die Geschichte weiter gehen würde. Insgeheim muss ich gestehen, dass der junge Paris mir von Tag zu Tag sympathischer wurde. Als Liebhaber! Nein, das ging nicht, ich war eine glücklich verheiratete Frau und Mutter!

Am Abend erkläre Menelaos, er müsse in den nächsten Tagen zu Begräbnisfeierlichkeiten nach Kreta aufbrechen. Dabei wies er mich und unsere Diener an, unsere Gäste bis zu ihrer Weiterreise gut zu betreuen, auf dass es ihnen an nichts mangele.

Sollte ich also mit Paris und seinen Gefährten allein am Hof bleiben.

Paris schien nur Augen für mich zu haben. Jedesmal, wenn er mich erblickte, strahlte er mich an.

Dann ergab sich für Paris die Gelegenheit seine Erzählung fortzusetzen.

,Aphrodite setzte sich mir gegenüber. Fast war ich geblendet von so viel Schönheit. Meine Schwester Kassandra ist wirklich hübsch, kein Wunder, dass Apollon sie so begehrte. Auch Andromache, die Frau meines Bruders Hektor, kann sich sehen lassen. Aber gegen Aphrodite – nun, sie ist ja auch eine Göttin, und dazu noch die Göttin der Liebe.'

,Du bist von Hermes nicht aufgeklärt worden, was diese Schönheitswahl im Grunde zu bedeuten hat. Man hat dich einfach ins kalte Wasser geworfen. Alles fing ganz harmlos an. Es war eine der letzten Hochzeiten, bei denen Götter und Sterbliche zusammen feierten. Peleus heiratete die Meeresnymphe Thetis, eine Tochter des Meeresgottes Nereus, und alles was Rang und Namen im Olymp und auf Erden hatte, war anwesend, bis auf Eris, die Göttin des Zankes und der Zwietracht. Zeus hatte bewusst auf eine Einladung verzichtet, denn er wollte einen harmonischen Abend ohne Streit. Doch Eris nahm ihm das übel und überlegte, wie sie die Feier stören könnte. Sie hatte eine diabolische Idee. Das Tor öffnete sich und sie schaute sich neugierig um. In der Hand hatte sie einen goldenen Apfel. An einem Tisch sass ich zusammen mit Hera und Athene im frohen Gespräch. Als Eris uns sah, nahm sie den Apfel und rollte ihn auf unseren Tisch zu. Hera hob ihn auf. ‚Hier steht etwas geschrieben,' sagte sie. Lies mal vor sagten Athene und ich fast im Gleichklang.

‚Hier steht drauf: Der Schönsten. Das gilt bestimmt mir' Da stand Athene aber auf: ‚Wieso kommst du auf die Idee, dieses Lob gälte dir. Ich bin doch viel jünger als du!'. Und ich flocht dann noch ein: ‚Kann es sein, dass ich gemeint bin, wo doch alle Männer von mir schwärmen?' Das war für Hera zuviel. ‚Du glaubst wohl immer noch, dass der Schaum, aus dem du geboren bist, dich mit ewiger Schönheit geziert hat?'

Jedenfalls wurden die Streitgespräche immer lauter, bis Zeus an den Tisch kam. ‚Mädels,' so pflegte er uns immer anzureden, wenn sein Mundschenk Ganymed ihm ein Glas zuviel eingeschenkt hatte, ‚wir sind hier mit Sterblichen zusammen. Welchen Eindruck hinterlassen wir, wenn wir uns streiten? Wir müssen uns für unser Benehmen ja schämen. Gebt mir den Apfel! Ich werde mit Hermes zusammen dafür sorgen, dass ein Unparteiischer diese Frage ein für alle Mal klärt!'

Und du bist nun mit dieser schwierigen Aufgabe vertraut worden. Ich für meine Person bin mit dem Urteil zufrieden. Und mein Versprechen werde ich halten. Die schönste Frau der Welt wird einmal dein sein!'

Sie lächelte noch einmal hold, streichelte mir über die Wangen und ehe ich mich versah, war sie verschwunden.'

Er schwieg einen Moment.

‚Ich muss dir gestehen, dass die Ähnlichkeit zwischen Aphrodite und dir umwerfend ist. Bist du es gar, die die Göttin der Liebe mir versprochen hat? Aber du bist verheiratet! Dann müsste ich dich entführen!'

Mein Herz schlug schneller. Welch eine unverschämte Idee! Oder war meine Sympathie für Paris bereits in Liebe umgeschlagen? War er nicht wie ein junger Gott, der in meine heile Welt eingebrochen war?

Wenn ich so zurückblicke: Jetzt schien Aphrodite völlig von mir Besitz ergriffen zu haben und durchdrang mich mit liebevollem Begehren..

Paris schien es zu spüren.

‚Ist dein Leben hier am Hofe nicht etwas langweilig geworden? Tag aus, Tag ein die gleichen Abläufe! Eine Frau so voller Liebreiz, schön wie Aphrodite – sie braucht Anbetung, sie braucht Bewunderung. Ich möchte dir all das geben. Komm mit mir nach Troja.'

Dieses Ansinnen konnte ich nicht für mich behalten und habe es am gleichen Abend Alissa und Aithra erzählt.

Alissa war empört. ‚Was fällt diesem Burschen ein, dir ein solches Angebot zu machen! Nutzt er etwa die Abwesenheit von Menelaos? Wie kann er je erhoffen, dass du ihm folgst!'

Und um mich ein wenig abzulenken, gab sie aus ihrem grossen Sagenschatz eine Geschichte über eine Entführung durch den Göttervater zum Besten.

‚Zeus hatte es wieder einmal auf ein schönes Mädchen in einem fernen Land abgesehen. Sie spielte mit ihren Freundinnen am Strand, als sich der Herr des Olymps ihnen als weisser Stier näherte. Er tat so lieb, dass die Mädchen Vertrauen zu ihm fassten. Die Königstochter Europa, auf die es Zeus abgesehen hatte, fasste Mut und setzte sich kühn auf den Stier. Kaum sass sie oben, als der Stier es eilig hatte und mit ihr zum Meer hinunter stürmte, ins Wasser glitt und mit ihr nach Kreta schwamm. Hier vereinigte er sich mir ihr und einer ihrer Söhne war der spätere König Minos, den du ja schon aus der Erzählung von Theseus kennst.'

So richtig kannte ich aber die Bitte von Paris nicht vergessen. Es wühlte in mir. Heute weiss ich, es war Aphrodite, die unbedingt ihr Versprechen einlösen wollte.

Schliesslich gab ich Paris' Drängen nach. Was kann man als kleiner Mensch gegen die Macht der Götter ausrichten? Menelaos war auf Kreta.

Ich beschloss, Hermione in der Obhut von Alissa zu lassen. Aithra wollte ich mitnehmen.

Die Flucht

Es war noch früh, die Sonne war noch nicht aufgegangen. Die Bediensteten schliefen noch und ahnten nichts Böses. An eine Flucht von mir hat mich Sicherheit keiner gedacht.

Paris hatte seine Gefährten schon vorausgeschickt, um das Schiff reisefertig zu machen und genügend Proviant für die Fahrt zu besorgen. Draussen hatte er einen Wagen stehen. Aithra half uns beim Einladen der nötigen Güter. Dann kam er noch auf einen unsinnigen Einfall: ‚Wie wäre es, wenn du noch einen grossen Teil des Kronschatzes mitnimmst? Wir werden auf der Reise einiges brauchen. Er gehört dir doch ohnehin. Menelaos hat sich hier doch ins gemachte Nest gesetzt. Ihm gehört davon eigentlich so gut wie nichts!'

Also luden wir noch die wichtigsten Schätze auf den Wagen und wir verliessen Sparta auf dem Weg zum Meer, wo das Schiff von Paris lag, Eigenartigerweise war ich gar nicht wehmütig, als ich zu unserem Schloss zurückblickte.

Am Schiff angekommen hielt Paris inne.

‚Poseidon, Herrscher der Flüsse und Meere, sei uns gnädig und lass uns diese Reise glücklich und ohne Gefahren beenden. In Troja angelangt, möchte ich dir noch ein grösseres Opfer darbringen,' bat er den Herrn der Wellen.

Als alles aufgeladen war, machten die Männer die Leinen los. Die erste Tagesfahrt führte uns bis zur kleinen Insel Kranae, der man später den Namen „Insel der Schönen Helena" gegeben hatte. Hier übernachtete ich das erstemal gemeinsam mit Paris in einer kleinen Hütte. Beim Schein einer kleinen Öllampe bewunderte er meinen Körper, bevor er mich an sich zog. Er war ein stürmisch-zärtlicher Liebhaber.

‚Ich wünsche mir noch tausend Tage und Nächte mit dir,' sagte er immer wieder.

Am nächsten Tag war das Meer etwas unruhiger und etwas Sturm kam auf.

Besorgt schaute ich auf die wild bewegten Wogen.

‚Hab keine Angst,' besänftigte mich Paris, ‚ich glaube zwischen Poseidon und Aphrodite gibt es keine Zwistigkeiten. Sie wird uns sicher bis

Troja begleiten. Aber wir haben viel Zeit. Ich möchte dir die schönen Inseln der Ägäis zeigen, bevor wir heimatliche Gefilde ansteuern.'

Mit etwas Mühe gelang es den Männern einen Hafen im Norden Kretas anzusteuern, wo wir etwas ruhigeres Wetter abwarten wollten.

Wir hatten jetzt ein wenig Zeit.

‚Du hast mir noch gar nicht erzählt, wie du von deinem Hirtendasein zurück an den Hof von König Priamos gekommen bist?' fragte ich ihn.

‚Wie der berühmte Zufall es will;' berichtete Paris, ‚andere Hirten berichteten am Hof von mir als einem starken und blendend aussehenden Jüngling. Da liess Priamos nach mir schicken. In seiner Not beichtete der Hirte, dass er mich nicht der Wildnis überlassen, sondern gross gezogen habe, wie ihr seht und er meinte, es sei ihm doch gut gelungen.

Die Boten des Hofes wollten mich darob nach Troja mitnehmen. Oinone, die Quellennymphe, die neben ihren Fähigkeiten zur Heilung auch in die Zukunft schauen konnte, bat mich flehentlich, nicht zu gehen, sondern bei ihr zu bleiben. Wenn ich ginge, würde ich viel Leid über mich und Troja bringen. Doch ich hörte nicht auf sie und zog begeistert an den Hof von Priamos. Ich wurde mit Freuden wieder aufgenommen und habe mich dort an vielen Wettspielen beteiligt und gewann gegen meine Brüder und die stärksten trojanischen Jünglinge. Mein Bruder Deiphobos war darüber regelrecht gekränkt. Hekabe hatte ihren schrecklichen Traum vergessen und auf Kassandra, die immer wieder mahnend daran erinnern wollte, hörte niemand. Das war ihr Los: Niemand glaubte ihr, egal was sie prophezeite. Das war die Rache Apollons, weil sie ihn verschmäht hatte. Und eines Tages trug mir Priamos auf, mich auf die Suche nach seiner entführten Schwester Hesione zu begeben. Man rüstete mir ein Schiff und ich brach mit einigen tüchtigen Männern auf, denn für die lange Reise von Troja bis zum Peloponnes brauchte ich verlässliche Gefährten. Unterwegs besuchten wir die Inseln Lesbos, Chios, Ikaria, Paros, Milos und landeten dann auf Kythera. Den Rest kennst du. Und jetzt bin ich mit der lieblreizendsten aller Frauen vereint. Schau mal, wie die Menschen dich hier anstarren. Den Männern bleibt der Mund offen stehen und die Frauen hielten bewundernd inne. Eine hörte ich sogar sagen; ‚Ich glaube, eine Göttin hat sich bei uns eingefunden'. Um dem Anstarren zu entgehen, zog ich mir dann einen Schleier vors Gesicht.

Zwei Tage später klarte das Wetter auf und die Sonne lachte wieder von einem strahlend blauen Himmel. Der Wind war günstig und wir brachen auf in Richtung Norden.

Am frühen Abend fuhren wir in eine eigenartige Insel hinein. Ringsherum zeigten sich hohe, schroffe Felsen wie bei einem riesigen Amphitheater, als ob man diese Insel nicht betreten solle. Oben zeigten sich einige weisse Häuser.

‚Irgendwo gibt es sicher einen Ankerplatz, wir werden die Insel einmal umrunden und es auf der anderen Seite versuchen. Hier erscheint mir diese Insel so richtig abweisend,' sagte Paris zuversichtlich. In der Tat, auf der anderen Seite war die Küste flach und es lagen schon einige andere Boote da. Wir wollten etwas Essbares mitnehmen und trafen dabei auf einen älteren Mann. Er schien froh zu sein, ein paar Worte wechseln zu können. Auf unsere Frage nach dem Namen der Insel, antwortete er: ‚Wir nennen sie ‚Die Schönste', denn sie ist wirklich einmalig. Ihr habt euch sicher über die hohen Felsen auf der anderen Seite gewundert. Habt ihr auch die kleine, schwarze Insel in der Mitte des Halbrunds gesehen? Und den Rauch, der daraus hervorsteigt? Es gibt hier eine alte Sage. Vor langer Zeit lebten hier Menschen, die überheblich die Götter nicht achteten. Da wurde Poseidon zornig und mit Hilfe der Giganten, die noch immer als ungeliebte Kinder der Erdenmutter Gaia unterirdisch hausten und ungeheure Kräfte entfalten konnten, liess er die Mitte der Insel mit Rauch und Feuer im Meer versinken. Nur die äusseren Reste, auf denen ihr jetzt weilt, blieben stehen. Nur der Rauch in der Mitte warnt uns vor Anmaßung. Wir lieben diese Insel, denn keine andere ist so schön wie sie.' Er schenkte uns noch etwas Obst und einige Oliven.

Die Gefährten blieben am Strand zurück. Paris und ich wanderten weiter, bis wir von den hohen Felsen hinunter aufs Meer schauen konnten. Helios mit seinem Sonnenwagen näherte sich dem Horizont.

Paris und ich sassen eng umschlungen am Felsenrand. Er nahm meine Hand. ‚Ich möchte mit dir noch viele, viele Sonnenuntergänge erleben und ich kann dir jetzt schon sagen, in Troja am Meer sind sie auch einmalig schön'

Wir fuhren an Naxos vorbei, ich musste dabei an den untreuen Theseus denken, der hier Ariadne zurück gelassen hatte. Bei Ikaria fiel mir wieder die traurige Geschichte von Daidalos und Ikaros ein, die mir Alissa erzählt hatte.

Auf einer anderen Insel, deren Namen mir entfallen ist, trafen wir einen Segler, der soeben vom Peloponnes kam und weiter nach Norden wollte. ‚Was gibt es Neues aus Hellas?' fragte Paris ihn.

Er wiegte seinen Kopf: ‚Irgend etwas ist passiert. Es ist Unruhe im ganzen Land. Man sagt, Agamemnon schicke überall Boten hin und suche Unterstützung. Er will eine grosse Flotte zusammenziehen. Es geht um Rache. Seinem Bruder Menelaos soll die Frau geraubt worden sein.'

Ich war zutiefst erschrocken. Was hatte das zu bedeuten? Da fiel mir wieder der Schwur ein, den alle Freier damals auf Geheiss meines Vaters schwören mussten. Sollten jetzt Menelaos und vor allem Agamemnon diesen Schwur einfordern? Ich erzählte Paris von dieser Begebenheit. Es schien ihn nicht zu beunruhigen.

‚Wir brauchen keine Angst zu haben. Du kennst doch die Griechen, die sind sich nie einig und immer zerstritten, weil jeder nur seinen eigenen Interessen nachgeht. Und sollten sie wirklich nach Troja aufbrechen, dann sind wir schon längst im Schutz der starken Mauern der Stadt. Da können sie sich die Köpfe einrennen!"

Trotz seiner beruhigenden Worte blieb in mir die nächsten Tage ein Rest von Unsicherheit. Aphrodite hatte ihren Willen durchgesetzt, aber würde sie auch weiterhin ihre schützende Hand über uns ausbreiten? Manchmal wachte ich nachts auf. Mich überfiel Zweifel, ja, er nagte oft an mir. War es recht von mir gewesen, meinen Mann und vor allem meine kleine Tochter im Stich zu lassen? Am Morgen jedoch schaute Aphrodite auf uns herab und Paris umarmte mich zärtlich, und meine Bedenken lösten sich unter Helios' Strahlen.

Es war doch eine weite Reise, die wir auf uns genommen hatten. Für die Nacht versuchten wir stets eine Insel anzusteuern, denn auf dem schwankenden Boot war das Schlafen etwas ungemütlich. Wir machten noch an den Inseln Chios und Lesbos Halt.

‚Auf dieser Insel soll das Haupt des Sängers Orpheus begraben sein, der hier von wütenden Weibern, den Mainaden, wegen seiner verführerischen Gesänge ermordet sein sollte und weil er nach dem Tod von Eurydike keine Frau mehr anschauen wollte.'

Das war eine der letzten Aufenthalte vor dem Erreichen von Troja.

‚Schau nach drüben über das Meer. Siehst du das Land und die Berge! Jetzt ist Troja nicht mehr allzuweit, vielleicht noch eine oder zwei Tagesreisen, wenn der Wind günstig ist.

Meine Ankunft in Troja

In der Ferne tauchte der Burgberg von Troja auf. Paris und auch die Männer waren aufgeregt, waren sie doch immerhin lange Zeit fern der Heimat gewesen.

Ich war ebenfalls gespannt. Wie würde man mich empfangen? Würden Priamos und Hekabe Paris' Tat gut heissen? Und vor allem der berühmte Held Hektor, wie würde er mir begegnen? Die anderen Frauen am Hof, wie würden sie reagieren, schliesslich war ich mit Paris nicht verheiratet. Wenn ich ehrlich bin, ein leichtes Unbehagen konnte ich nicht verbergen. Paris spürte es und nahm mich liebevoll an der Hand.

Viele Trojaner waren zum Empfang an den Strand gekommen und bildeten für die Ankommenden ein Spalier. Ein Raunen ging durch die Menge, als ich leichtfüßig mit Paris das Ufer betrat. Sein Bruder Deiphobos war gekommen, begrüsste Paris nur flüchtig und schaute mich unentwegt an. Dass ich mit ihm später noch unangenehme Erfahrungen machen sollte, konnte ich damals noch nicht ahnen.

Hektor begrüsste mich kurz und knapp, fast wie ein Spartaner.

‚Kommt nach oben in die Burg, Hekabe und Priamos sowie alle Verwandten erwarten euch im grossen Saal.'

Priamos schüttelte mir die Hand, ich sah ein Leuchten in seinen Augen.

‚Das ich das auf meine alten Tage noch erleben darf, so viel Schönheit, fast wie eine Göttin.'

Hekabe umarmte erst Paris, dann auch mich.

‚Ich bin so froh, dass ihr die weite Reise über das Meer unbeschadet überstanden habt, denn oft überfielen mich grosse Sorgen. So mancher wurde schon ein Opfer der Fluten und der Stürme, die gerade hier im ägäischen Meer so häufig auftreten. Noch einmal wollte ich dich, mein Sohn, nicht wieder verlieren.'

Andromache und Kassandra begrüssten mich ein wenig reserviert. Paris hatte mir ausdrücklich empfohlen, Kassandra nicht allzu viel aus meinem Leben zu erzählen. Paris stellte mir noch die anderen Geschwister vor, aber viele Namen habe ich leider vergessen.

Hekabe war mir auf Anhieb sympathisch. Sie strahlte eine mütterliche Fürsorglichkeit aus, die ich bei meiner Mutter vermisst habe. Nachdem ich die vielen Hände geschüttelt hatte, nahm mich Hekabe an der Hand. ‚Komm, ich zeige dir mal das Schloss, das können Frauen untereinander besser als Männer. Dann siehst du auch gleich das grosse Zimmer, in dem du und Paris nächtigen werdet – auch wenn ihr nicht verheiratet seid,' sagte sie mit einem Augenzwinkern.

Beim Weggehen hörte ich noch, wie Priamos zu Paris sagte: ‚Mein Sohn, trotz der Wiedersehensfreude habe ich noch eine schlechte Nachricht für dich. Ihr seid jetzt drei Jahre seit Sparta unterwegs gewesen und habt daher nicht vernommen, was sich sonst noch in Hellas abspielt.'

Es wird doch nichts Schlimmes sein, dachte ich bei mir und folgte Hekabe. Paris wird es mir später sicher noch berichten.

Ständig kommen Schiffe von Hellas auf dem Weg ins Schwarze Meer in Troja vorbei, somit erfahren wir ständig, welche wichtigen Ereignisse zu vermelden sind.

Einer der Schiffsführer berichtete von einer grossen Ansammlung von Schiffen vor Aulis unter der Führung von Agamemnon, die auf günstigen Wind warteten. Agamemnon hatte jedoch die Göttin Artemis schwer beleidigt, weil er in einem ihrer Haine eine heilige Hirschkuh getötet hatte. So beschwor Artemis den Aiolus, den Gott der Winde, der Flotte eine ständige Flaute ohne das geringste Lüftchen zu bescheren. Abhilfe könnte nur die Opferung seiner Tochter Iphigenie bringen.

Ich war damals zutiefst über dieses Ansinnen empört. Wie können Götter so grausam sein, nur wegen eines getöteten Tieres die Opferung eines jungen Mädchens zu fordern? Aber Artemis war ja bekannt für ihre unerbittliche Strenge. Agamemnon war entsetzt, aber sämtliche Schiffsführer, denen die lange Flaute langsam lästig wurde, drängten ihn zur Opferung. Also liess Odysseus mit einer List Klytemnaistra mit Iphigenie nach Aulis kommen, mit dem Versprechen, sie würde mit Achilles verheiratet werden. Als die Lügen aufflogen, war Klytemnaistra ausser sich, aber Iphigenie willigte dann wohl in ihre Opferung ein. Als der Priester Kalchas das Schwert zückte, soll Iphigenie plötzlich verschwunden sein und auf dem Opferaltar soll eine Hirschkuh gelegen haben, die unter dem Jubel des Heeres geopfert wurde.

Mehr wusste der Schiffsführer nicht zu berichten.

Ein anderer gab eine lustige Geschichte zum Besten, die sich in Hellas herumgesprochen hatte. Odysseus, gerade Vater geworden, wollte sich dem Aufruf des Agamemnon entziehen und nicht mit nach Troja ziehen. Zudem hatte ihm ein Seher prophezeit, sollte er sich beteiligen, er würde erst in zwanzig Jahren zurückkehren. Da seine Listigkeit überall bekannt war, schickte man ihm Palamedes, einen ebenso listigen Boten, um ihn zum Mitfahren zu bewegen. Odysseus wollte ihm demonstrieren, dass er mit seinen Sinnen etwas durcheinander wäre. Er pflügte sein Feld mit einem Gespann aus Ochs und Esel, äusserst merkwürdig für einen gestandenen Griechen, zudem warf er kein Korn, sondern Salz hinter sich in die Furchen. Palamedes soll sich das eine Weile angeschaut haben, dann entriss er Penelope den kleinen Telemachos, den sie auf dem Arm trug, und legte ihn vor den Pflug. Da soll sich Odysseus geschlagen gegeben haben und willigte ein. So wie ich Odysseus kennen gelernt habe, wird er ihm diese Überlistung nie verziehen haben.

Diese Erzählungen waren für uns alle eine willkommene Abwechslung. Inzwischen rückte Paris mit der Botschaft von Priamos heraus.

Die gesamte griechische Flotte sollte sich auf dem Weg nach Troja befinden. Agamemnon betrachtete meine Entführung als eine Verletzung der Ehre aller Atriden und Menelaos musste ihm wohl beigepflichtet haben. Es ging also um mich. Sie wollten mich zurückholen. Paris war aufgebracht. Nie würde er mich wieder gehen lassen und die Griechen sollten nur kommen, die würden unverrichteter Dinge wieder abziehen müssen.

Bei mir schlichen sich trotz der liebevollen Behandlung durch Paris leichte Schuldgefühle ein. Sollte es wegen mir jetzt zu Kämpfen mit den Griechen kommen? Sollten wegen mir sogar Menschenleben gefährdet werden?

Unter den Frauen war Andromache mir am sympathischsten. Sie klagte mir ihr Leid, sie sei schon länger mit Hektor verheiratet und bislang sei der gewünschte Nachwuchs ausgeblieben. Nur Kampf und Stärke hätte er im Kopf, das sei doch für eine junge Frau ein bischen trostlos. Ich erzählte ihr von der griechischen Flotte, die unterwegs nach Troja war. Sie schien das nicht zu beunruhigen. Troja sei stark und seitdem damals Herakles die Stadt zerstört hatte, ist es nie wieder einem Feind gelungen, die Stadt zu erobern.

Aber Paris brachte auch gute Botschaften, um mich zu beruhigen.

‚Aineas, ein Sohn von Anchises und Aphrodite, wird uns mit seinen Kriegern verstärken.

Der Lykerkönig Sarpedon hat uns Hilfe versprochen. Andere Stämme aus Asien und Thrakien sind auf dem Weg zu uns. Du siehst, es steht zum Besten. Und wenn alles vorbei ist, wollen wir unsere Hochzeit nachholen und ich freue mich schon auf gemeinsame Kinder.'

So war er eben, aber er ahnte zum Glück nicht, was ihm und Troja bevorstehen sollte.

Dann fuhr wieder ein Schiff in den Hafen ein. Der Führer des Schiffes hatte ganz neue Nachrichten. Er bestätigte den Aufbruch der Flotte. Und nachdenklich fügte er hinzu: ‚Achilles hat sich mit seinen Myrmidonen dem Heer angeschlossen.'

Dabei, so erzählte man es sich in Hellas, wollte seine Mutter Thetis seine Teilnahme verhindern. Zum einen hatte sie ihn als Kind in den Styx, den Fluss der Unterwelt, getaucht und ihn dabei an der Ferse gehalten. Damit war er bis auf die unbenetzte Ferse unverwundbar. Sie wusste auch um sein späteres Schicksal und um das zu umgehen, steckte sie ihn, als die Boten von Agamemnon kamen, in Mädchenkleider. Doch der listige Odysseus liess eine Trompete blasen, als ob ein feindlicher Angriff bevorstehe. Flugs warf Achilles seine Mädchenkleider ab und griff zu den Waffen.

Damit hatten die Griechen in der Tat neben Aias einen weiteren grossen Helden dabei.

Unruhe breitete sich in der Stadt aus, man bereitete sich auf die wahrscheinlich unfriedliche Ankunft der Flotte vor. Einige Stellen des Burgwalls wurden befestigt und die Tore verstärkt.

Dann kam ein Bote eilends vom Strand und blies in ein Horn..

‚Sie kommen, sie kommen! Eine gewaltige Flotte, wie sie Hellas noch nie gesehen hat!'

Priamos ging mit Hektor und Paris hinunter zum Strand, um es mit eigenen Augen zu sehen.

Als sie wieder in der Burg waren, nahm mich Paris in den Arm.

‚Es werden harte Kämpfe werden, denn sie sind zahlreicher als wir. Aber wir haben unsere starken Mauern, in die wir uns immer wieder zurückziehen können. Das wird denen zum Nachteil reichen. Und wir haben Ainaias und Sarpedon, die uns unterstützen werden.'

Ich wollte mit einer Frau darüber reden und suchte Hekabe auf, denn inzwischen plagten mich heftige Gewissensbisse. Konnte ich es zulassen, dass wegen mir Blut vergossen werden könnte?

,Was sagen die Leute hier in Troja? Sind sie nicht erbost auf mich? Oder fragen sie: Was hat Paris mit seiner Entführung uns da eingebrockt? Müssen wir uns jetzt nur wegen einer Frau, selbst wenn sie die schönste sein soll, auf Kampf und Krieg einstellen?'

Hekabe redete beruhigend auf mich ein.

,Sei unbesorgt, ich habe niemanden so reden hören. Du gehörst jetzt zu unserer Familie und niemandem wird es gelingen, dich hier wegzuholen.'

Hektor und Paris stiessen hinzu.

,Ihr solltet euch ab jetzt in eure Gemächer zurückziehen. Vielleicht haben die Achaier grosse Gesteinsschleudern dabei, mit denen sie euch im Freien treffen könnten.'

Ich dachte nur, wenn Hektor, der grosse Held, schon solche Vorsichtsmassnahmen ankündigt, dann wird es wohl ernster werden als gedacht.

Der Krieg um Troja

Wer hätte damals geahnt, dass uns zehn lange Jahre, zehn Kriegsjahre bevorstanden? Die Achaier standen bereit, um die Schiffe zu verlassen, aber Odysseus hob seine Hand und hielt sie zurück. Er selbst warf seinen Schild von Bord und stellte sich darauf. Ein anderer Grieche konnte es kaum abwarten und sprang auf den Strand. Wie ich später erfuhr, war sein Name Protisilaos, gerade frisch verheiratet und voll Tatendrang. Der listige Odysseus wusste um seine Handlung, denn es gab die Prophezeiung, der erste Grieche, der trojanischen Boden betrat, würde auch als erster fallen. So war es denn auch, Hektor machte kurzen Prozess mit ihm und durchbohrte ihn mit dem Speer.

Ich schaute angestrengt auf die von den Schiffen herabspringenden Männer, konnte aber Menelaos nirgendwo entdecken. Agamemnon in seiner Breitschultrigkeit mit seinem silbernen Helm war allerdings nicht zu übersehen, da er die Achaier heranwinkte.

‚Sei unbesorgt,' meinte Priamos, ‚er wird mit Sicherheit dabei sein, denn es geht doch um ihn und seine Ehre.'

Die gesamten Kämpfe über die Jahre hinweg habe ich nicht direkt verfolgt. Das Betrachten des blutigen Geschehens sei keine Angelegenheit für die Seelen empfindlicher Frauen, wurde mir immer wieder zugetragen, das sei etwas für Männer!. Am besten solle man in der Burg bleiben. Die täglichen Kampfberichte und die Anzahl der ums Leben gekommenen Helden wurden ohnehin am Abend stets besprochen. Die Klagen der Familienangehörigen sprachen zudem eine deutliche Sprache.

Meine einzige grosse Sorge bestand darin, dass Paris am Abend gesund und unverletzt zurück kam. Sicher, so einige kleine Verletzungen liessen sich nicht immer verhindern. Aber er trug es mit Fassung und unsere Heiler und Pflanzenkundigen sorgten für eine baldige Heilung.

Es waren lange Jahre und manchmal reute es mich schon, nicht zu Hause in Sparta geblieben zu sein. Einige Male überfiel mich der eigenartige Gedanke: Sollten die Götter eventuell Freude an einem aufregenden Geschehen bei den Sterblichen haben, an Kämpfen und an Krieg, da sie sich in ihrer Zeitlosigkeit langweilen. Ich habe das mit Aithra, die geduldig an meiner Seite ausharrte, besprochen. Sie war erschrocken, das sei eine Beleidigung der Götter so etwas überhaupt zu denken. Aber Gedanken kann man nicht so einfach löschen wie ein Feuer.

Diese Jahre haben sich bei mir nicht so eingeprägt, abgesehen von der Angst, dass Paris oder mir oder den Frauen insgesamt etwas zustossen könnte.

Der Zweikampf um Helena

Es war wohl im neunten Jahr der Belagerung, als die Trojaner erfahren hatten, dass Achilles nicht am Kampf teilnahm, sondern schmollend in seinem Zelt weilte. Eine hübsche Frau, die Agamemnon ihm abgenommen hatte, soll der Grund gewesen sein. Das war der rechte Zeitpunkt und Paris zog mit seinen Mannen gegen die Achaier. Wir standen oben an der Brüstung des skaiischen Toren und beobachteten das Geschehen.

Die Ältesten der Stadt standen ebenfalls bei uns und ich vernahm deutlich, wie sie von mir zu schwärmen begannen.

‚Wäre ich noch jung,' meinte der eine, ‚ich würde mich glatt in Helena verlieben'. Ein anderer meinte ‚Bei so viel Schönheit müssen die Götter ihre Hand im Spiel gehabt haben.' Es tat richtig gut, so viel Gutes zu hören, wo ich doch ständig Gewissensbisse hatte oder mir Schuldfragen stellte.

Hektor war zwar stets der Anführer der Trojaner, doch Paris stellt sich bei einem Angriff plötzlich an die Spitze, um Ruhm zu gewinnen. Trojaner und Achaier marschierten mit lautem Gebrüll und Waffengeklirr aufeinander zu. Auf der anderen Seite hatte Menelaos auf einmal gesehen, dass Paris an der Spitze marschierte. Voller Wut auf diesen, wie er wohl meinte, gemeinen Räuber stürmte er auf Paris zu. Paris sah ihn kommen und schon war sein ganzer Stolz scheinbar dahin. Sein Mut hatte ihn verlassen, er liess sich zurückfallen und tauchte in den Scharen der eigenen Reihen unter. Man sah, wie Hektor ihm empört folgte und ihn der Feigheit zieh. Man hörte ihn bis hier oben brüllen, konnte aber nicht genau verstehen, was er ihm an den Kopf schleuderte. Paris kam, wie man sah, zur Besinnung und erklärte sich bereit, um das ewige Schlachtgetümmel zu beenden, zu einem Zweikampf mit Menelaos anzutreten.

‚Der Sieger bekommt oder behält die schöne Helena und alle geraubten Schätze und die beiden Heere trennen sich in Freundschaft, ‚so lautete sein jetzt verzweifelter Vorschlag, ‚dann könnte sich jeder des Friedens erfreuen.'

Hektor schien einverstanden und stellte sich zwischen die beiden Heere.

Mit lauter Stimme dröhnte er: ‚Achaier und Trojaner haltet ein. Lasst eure Waffen ruhen. Wir wollen dieses ständige Gemetzel beenden. Paris und Menelaos werden gegeneinander im Zweikampf antreten und den Krieg entscheiden.'

Lauter Jubel erschallte auf beiden Seiten. Endlich, dachten die Griechen können wir dann heimkehren. Und die Trojaner hofften auf eine ruhige Zeit ohne Kämpfe.

Ich hatte alles von oben mitgehört.

Zum einen war ich etwas empört. Was handeln die Männer da unter sich aus? Bin ich denn eine Ware, um die man würfelt oder feilscht wie auf dem Viehmarkt in Sparta? Auf der anderen Seite grauste es mir. Sollte Menelaos gewinnen, welches Schicksal würde mich dann ereilen? Für wen sollte ich mich im Inneren im Voraus entscheiden? Für Paris, meinen jetzigen Gefährten, mit dem ich seit über zehn Jahren Bett und Tisch teilte? Oder für meinen rechtmässigen Ehemann und Vater meine Tochter? In mir tobte ein heftiger Kampf. Sollte ich mir diesen entscheidenden Kampf mit ansehen oder mich zurückziehen?

Es wurde fast eine heilige Handlung daraus.

Agamemnon schlachtete zwei herbeigeführte Lämmer und betete zu Zeus für eine gerechte Lösung. Seine Stimme war nicht zu überhören.

,Herr des Olymp und alle Götter, die ihn begleiten. Hört unsere feierliche Vereinbarung. Gewinnt Paris diesen Zweikampf und tötet Menelaos, so bleibt Helena bei ihm und wir segeln nach Hause. Wenn Menelaos gewinnt, geben die Trojaner uns Helena und all die geraubten Schätze heraus. Sollten die Trojaner jedoch diesen Eid brechen, dann werden wir sie mit aller Härte bestrafen.'

Danach legten Odysseus und Hektor zwei Kieselsteine in einen Bronzehelm. Einen rauen für Menelaos und einen glatten für Paris. Sie schüttelten kräftig und als erstes sprang der glatte Kiesel heraus. Paris durfte als erster den Speer werfen.

Die Trojaner jubelten, aber mir hier oben wurde vom Zuschauen etwas schwindlig.

Die beiden Kämpfer stellten sich auf, rund zwanzig Schritte voneinander entfernt. Jetzt hiess es Daumen drücken.

Paris holte aus, doch sein Speer prallte an Menelaos' Schild ab und fiel zu Boden. Man sah jetzt bei den Trojanern traurig-enttäuschte Gesichter.

Nun war Menelaos dran. Er schleuderte den Speer mit aller Kraft, die er hatte. Dieser durchbohrte Paris' Schild und streifte ihn an der Schulter. Wie wild schoss er auf Paris los und schlug mit seiner Streitaxt auf ihn ein. Er traf den Helmbusch, aber seine Axt zerbrach in drei Teile.

Ich fürchtete um sein Leben, konnte nicht mehr zuschauen und hörte noch, wie er laut und vernehmlich rief: ,Grosser Zeus, du nahmst mir meine Waffen, aber ich habe noch zwei starke Hände.'

Er packte Paris am Helmbusch und zog ihn hinüber zu den Achaiern. Verzweifelt versuchte Paris seinen Kinnriemen zu lösen, der so fest sass, dass er zu ersticken drohte.

Jetzt schritt wohl wieder Aphrodite ein. Sie löste den Kinnriemen, so dass Menelaos den leeren Helm in der Hand hielt. Er warf ihn als Siegeszeichen seinen Mitstreitern zu.

Dann wollte er sich wieder auf Paris stürzen. Jetzt passierte etwas Ungewöhnliches. Da wo Paris stand, wallte plötzlich Nebel auf und er verschwand vor den Augen aller in dieser Wolke.

Ich konnte mir nicht erklären, was da vor sich gegangen war. Sollten die Götter wirklich so lebhaft in das Geschehen eingegriffen haben?

Menelaos war wie ein wütender Stier. ,Wo ist Paris? Wo ist Paris? Wo ist dieser gemeine Schuft, dieser Feigling?'

Die Trojaner spürten, dass der Krieg nach diesem Ereignis weitergehen würde. Und um das Unheil voll zu machen, fühlte sich plötzlich der berühmte Bogenschütze Pandaros aus mir unerklärlichen Gründen berufen, einen Pfeil auf Menelaos abzufeuern, der den Spartanerkönig verletzte.

Das würde weitere Folgen haben.

Ich hatte genug gesehen und wollte nur noch meine Ruhe haben. Wer beschreibt aber mein Erstaunen, als ich auf meinem Zimmer Paris auf dem Bett liegen sah.

,Was bedeutet das?' fragte ich ihn verwirrt, ,gerade habe ich von der Burg nach untern geschaut und um dich gebangt und du machst es dir hier bequem!'

Paris schien selbst alles noch nicht richtig begriffen zu haben.

,War alles nur ein Traum?' gab er stockend von sich.

,Nein, nein,' sagte ich, ,beinahe hätte die Parze Atropa deinen Lebensfaden abgeschnitten. Doch die Götter, oder war es wiederum Aphrodite, schienen dich zu behüten.'

Paris schloss mich in die Arme und ich spürte wie erleichtert er war. Etwas später tauchte Hektor auf. Er war ein wenig aufgebracht, dass Paris sich bei mir aufhielt und sich nicht an den Kämpfen beteiligte.

Hektor hatte sich gerade von seiner besorgten Frau Andromache verabschiedet, die ihn anflehte, immer an seinen kleinen Sohn Astyanax zu denken.

Ich nutzte die Gelegenheit, um mein schlechtes Gewissen etwas zu entlasten.

‚Lieber Hektor, kaum wage ich es, dir in die Augen zu schauen. Denn ich fürchte, viel Leid über diese stolze Stadt gebracht zu haben. Viele Männer haben ihren Mut mit dem Leben bezahlt und so manche von Ilions Frauen ist zur Witwe geworden.'

Hektor drängte zum Aufbruch.

‚Liebe Helena, es ist jetzt nicht die passende Zeit, um über Schuld und Unschuld zu sprechen. Wir müssen unsere Männer beim Kampf unterstützen,' und zu Paris gewandt ‚jetzt zieh deine Rüstung an und folge mir!'

Beide verliessen die Burg und schlossen zu ihren Männern auf. In glücklicher Fügung gelang es ihnen, die Griechen bis zu ihren Schiffen zurückzudrängen.

Ich schaute ihnen nach. Auf einmal tauchte bei den Griechen ein gross gewachsener Streiter in einer glänzenden Rüstung auf.

‚Das muss Achilles sein,' hörte ich es rings um mich raunen, ‚nur er soll diese Rüstung vom Götterschmied Hephaistion bekommen haben. Seine Mutter hatte dafür gesorgt.'

Was ich damals nicht wissen konnte und erst später erfuhr: Es war nicht Achilles, sondern sein bester Freund Patroklos, dem er seine Rüstung geliehen hatte, da er immer noch wegen dieser Frauengeschichte mit Agamemnon und den Achaiern schmollte und sich nicht selbst am Kampfgeschehen beteiligen wollte.

Die Anwesenheit von Achilles – so glaubten es auch die Achaier – beflügelte ihren Mut und sie drangen mit ungestümer Macht bis fast an die Mauern Trojas heran. Es gelang Patraklos mit seinem Speer den Lykerkönig Sarpedon zu töten, ein empfindlicher Verlust für Hektors Mannen.

Als Rache warf der Held Euphorbos seinen Speer auf Patroklos, der ihn zu Boden warf. Hektor hatte den Kampf beobachtet und eilte hinzu. Mit aller Wucht stiess er seinen Speer Patroklos in den Leib, der mit letzter Stimme noch Hektor sein baldiges Ende prophezeite und sein Leben aushauchte. Ich beobachtete noch, wie Hektor dem toten Patroklos Achilles' glänzenden Brustpanzer abnahm und ihn überstreifte.

Ich konnte nicht länger zuschauen, denn eines war allen klar, Patroklos' Tod würde in jedem Fall Achilles auf das Schlachtfeld rufen und der Kampf würde unerbittlich weiter gehen. Die meisten anderen Frauen hatten sich ohnehin schon längst von der Brüstung der Burg zurückgezogen.

Dann hörten wir die Schreie. Achilles war mit einer neuen Rüstung an der Spitze der Achaier aufgetaucht und trieb wie ein Besessener in seinem Zorn über den Tod seines besten Freundes die Trojaner vor sich her.

Hekabe ahnte als Mutter irgendwie Schlimmes, nahm mich an der Hand und eilte zur Burgmauer.

Es war schrecklich anzusehen. Die Wasser des Skamander färbten sich von dem vielen vergossenen Blut rot und Achilles tobte immer weiter, immer mehr Trojaner fielen seiner unermesslichen Wut zum Opfer. Die erschöpften Trojaner flohen in die Stadt und verschlossen die Tore.

Der Kampf der Giganten

Nur Hektor blieb vor dem Tor stehen. Hekabe und Priamos flehten ihn an, sich in Sicherheit zu bringen: ‚Lass dich nicht auf einen Kampf mit Achilles, diesem Waffenungeheuer ein. Komm zu uns in die Burg.'
Jedoch er erhörte sie nicht.

Priamos, der neben mir stand, äusserte sich besorgt. ‚Möge Hektor diesen Rasenden töten, denn zu viele meiner tapferen Söhne sind ihm schon zum Opfer gefallen.'

Und zu Hektor rief er nochmals hinunter: ‚Überlege es dir, noch ist Zeit!'

Kaum hatte Achilles Hektor erblickte, stürzte er herbei wie ein hungriger Löwe.

Als Hektor ihn so in seiner glänzenden Rüstung sich nähern sah, überfiel ihn wohl ein wenig Furcht. Er lief davon und Achilles hinter ihm her. Dreimal umrundeten sie die Stadt, doch Achilles liess sich nicht abschütteln. So fasste Hektor den Mut, sich zum Kampf zu stellen.

Mit lauter Stimme rief er Achilles zu: ‚Sohn des Peleus, es soll jetzt die Entscheidung fallen. Einer von uns beiden muss jetzt den bitteren Gang in den Hades antreten. Lass uns vor den Göttern den heiligen Eid ablegen: ‚Töte ich dich im Kampf, so nehme ich mir deine Rüstung, deinen Körper überlasse ich den Achaiern. Dasselbe solltest du tun, wenn du mich tötest.'

Höhnisch antwortete der Pelide: ‚Sprich du mir nicht von Verträgen, ich habe dir nicht vergessen, was du meinem Freund Patroklos angetan hast.'

Sprachs und schleuderte seinen gewaltigen Speer auf Hektor, der sich jedoch geschickt duckte. Der Speer sauste an ihm vorbei und blieb im Boden stecken. Nun schleuderte Hektor mit all seiner Kraft einen Speer auf Achilles, der allerdings an dessen Schild abprallte. Nun hatte er keinen Speer mehr, es blieb ihm nur sein scharfes Schwert, aber wie durch ein Wunder – oder griffen wieder die Götter ein? – hatte Achilles plötzlich wieder seinen Speer in der Hand. Als Hektor nun auf ihn losstürmte, stiess er ihn mit seinem Speer in die einzige offene Stelle an der Rüstung am Hals – es war ja die von Patroklos und die kannte er zur Genüge.

Hektor stürzte zu Boden.

Hekabe neben mir schrie laut auf und flehte zu Apollon um Hilfe.

Grausam beugte sich Achilles über ihn.

‚Ich werde nicht zulassen, dass du ein würdiges Begräbnis bekommst. Vielmehr sollen Geier und wilde Hunde deinen Körper zerfleischen.'

Mit letzter Kraft antwortete Hektor: ‚Ich weiss, dein Herz ist aus Eisen. Aber auch dein Ende steht dir in Bälde bevor.'

Achilles zog dem toten Hektor die Rüstung aus, die dieser dem Patroklos geraubt hatte.

Und jetzt passierte noch etwas unbeschreiblich Schreckliches.

Die Achaier kamen herbei gelaufen und jeder stiess seinen Speer in Hektors Körper.

Der alte Priamos stöhnte laut auf vor Schmerz, Hekabe war einer Ohnmacht nahe, man musste sie stützen. Das Volk ringsherum hub laut mit Jammern und Klagen an.

Die Wut des Peliden schien noch immer nicht abgekühlt.

Er durchbohrte dem Toten an beiden Füßen die Beine zwischen Knöchel und Ferse, zog einen Lederriemen hindurch und band die Leiche an seinem Streitwagen fest. Dann sprang er auf den Wagen, liess die beiden Rosse antraben und schleifte den Körper Hektors hinter sich her durch den Staub.

Achilles schleift in seiner Wut die Leiche Hektors hinter sich her.
Achilleion, Korfu

Mir liefen die Tränen wie kleine Bäche herunter. So viel Grausamkeit hatte ich von einem Menschen, den so viele als Helden verehrten, nicht erwartet. Als hätten ihn die Götter mit rasender, unmenschlicher Wut geschlagen.

Priamos verliess schwankend die Mauer, Hekabe raufte sich, trauernd vor Verzweiflung, die Haare und eilte davon, blind vor Tränen.

Andromache wurde von einem Boten über dieses furchtbare Schauspiel unterrichtet. Schnell eilte sie zum Turm und konnte gerade noch sehen, wie Achilles den Leichnam Hektors zu den Linien der Achaier schleifte. Sie verdrehte ihre Augen und fiel in Ohnmacht. Zwei Diener fingen sie gerade noch auf, bevor sie in laute Wehklagen ausbrach.

Drüben bei den Achaiern sah man, wie sie einen grossen Holzstoss errichteten. Da sollte wohl die Leiche von Patroklos verbrannt werden. Dann zeigte sich wieder einmal die unbändige Grausamkeit des Peliden. Zwölf Tage lang schändete er die Leiche Hektors, in dem er sie immer wieder um das Grab Patroklos' herumschleifte, bis er wohl zu der Einsicht kam, dass ihm die Götter diese Missetat ebenfalls nicht verzeihen würden.

Priamos konnte und wollte es nicht zulassen, seinen heldenhaften Sohn auf diese Weise zu verlieren und entschloss sich zu der mutigen Aufgabe, Achilles mit Geschenken um die Herausgabe des Leichnams seines Lieblingssohnes zu bitten.

Noch immer höre ich die warnenden Worte Hekabes: ‚Willst du dich wirklich herablassen, um diesem Untier von Mensch als Bettler gegenüber zu treten? Soll ich letzten Endes auch dich noch verlieren?'

Doch der König der Trojer liess sich nicht beirren.

‚Ich bin in Ehren ergraut und nicht mehr der Jüngste. Keinen Speer und kein Schwert habe ich gegen die Achaier erhoben. Sollte also noch ein Rest von Menschlichkeit in Achilles innewohnen, wird er mir mit Hilfe der Götter diesen innigen Wunsch eines zu Tode betrübten Vaters bestimmt nicht verwehren.'

In der Tat, es gelang Priamos durch die Linien der Griechen hindurch zu Achilles zu gelangen und die Herausgabe der Leiche zu erbitten. Mehr noch, er vereinbarte mit Achilles sogar noch eine Unterbrechung der Kämpfe für elf Tage, um ein würdevolles Begräbnis des Helden zu begehen.

Die Stadt empfing den toten Helden mit lautem Jammern und Andromache sowie die Eltern benetzten des edle Gesicht des Toten mit ihren Tränen. Man sammelte neun Tage lang Holz für die Verbrennung, hielt die Grabriten ab und begrub die Asche in einer goldenen Urne in einem Grabhügel ausserhalb der Tore.

Es war eine gedämpfte Stimmung bei den Trojanern, kein frohes Lachen erklang mehr auf den Gassen. Troja schien ohne Hektor eine andere Stadt geworden zu ein.

Selbst Paris, sonst immer guten Mutes, wurde von dieser allgemeinen Gefühlslage angesteckt. Denn auch er konnte die Gewissheit nicht abstreifen: Der Kampf würde weiter gehen.

Hilfe naht für die Trojaner

Doch dann geschah noch etwas Ungewöhnliches. Urplötzlich tauchten die kriegerischen Amazonen mit ihrer jungen Königin Penthesileia auf, die auf Seiten der Trojaner in den Kampf eingriffen und mutig die Achaier bedrängten und viele Helden töteten. Besonders Penthesileia tat sich hervor, denn wie man sagte, hatte sie noch keine grosse Kampferfahrung, immerhin ein Makel für eine Amazone, und wollte es sich und den anderen Amazonen beweisen.

Am Abend besuchte ich Penthesileia in ihrem Zelt. Ich hatte viel über dieses tapfere Volk gehört und wollte neugierig und bewundernd einiges von ihr wissen.

Penthesileia kam mir zuvor.

,So also siehst du aus. Man erzählte viel von dir. Wann ist es einer Frau schon mal gelungen, eine ganze Flotte von Schiffen durch die Ägäis segeln zu lassen?'

Ich weiss, ich weiss, entgegnete ich, ich wünschte jedoch es wäre nie geschehen. Aber erzähle mir ein wenig von euch. Stimmt es, dass ihr keine Männer braucht?

Penthesileia lachte. ,So ab und zu brauchen wir sie schon, zumindest ein paar, denn wo soll der Nachwuchs herkommen. Die Mädchen werden in unserem Sinn erzogen.'

Und was macht ihr denn mit den Knaben? Brauchen Kinder nicht auch Väter? Ich dachte dabei an den kleinen Astyanax, der jetzt ohne seinen Vater Hektor aufwachsen musste.

,Einige behalten wir, die anderen setzen wir in den Bergen aus.'

Diese Ehrlichkeit verblüffte mich. Ich verabschiedete mich und wünschte ihr alles Gute für den nächsten Tag.

Am nächsten Morgen bewunderten wir oben auf dem Turm den Kampfesmut der Frauen. Achilles schien überrascht und griff in die Kämpfe ein. Die Achaier fassten wieder Mut. Die Amazonenkönigin merkte bald, wer für den erstarkenden Widerstand der Griechen verantwortlich war und griff Achilles direkt an.

Es wurde ein ungleicher Kampf. So sehr sich Penthesileia auch tapfer wehrte, es gelang Achilles, sie zu töten. Erst als er ihren Helm abnahm, merkte er, dass er gegen ein weibliches Wesen gekämpft hatte.

Es gelang den Trojanern, ihre Leiche zu bergen. Man setzte die Leblose auf ihr Streitross und führte sie zurück in die Stadt. Paris hatte diese traurige Aufgabe übernommen. Als ich ihn sah, bemerkte ich die Tränen in seinen Augen.

Daraufhin sammelten die Amazonen all ihre gefallenen Gefährtinnen und verliessen ein wenig bedrückt diese Kampfstätte.

Die Tore der Stadt schlossen sich für eine Weile.

Dann nahte eine neue Streitmacht zur Hilfe. Der Äthiopier Memnon, ein Sohn der Göttin Eos, hatte von der Not der Trojaner gehört und brach zur Unterstützung auf. Ein Hüne von Gestalt, vor dem alle zitterten, und durch die Sonne Afrikas dunkel gebrannt, griff in die Kämpfe ein. Er fügte den Achaiern grosse Verlust zu. Achilles schaute dem Treiben eine Weile zu, aber als sein jetzt bester Freund, Antilochos, der Sohn des greisen Nestor, fiel, schien es mit seiner Geduld ein Ende zu haben. Er griff Memnon an. Ein heftiger Zweikampf entbrannte, denn Memnon war ihm fast ebenbürtig. Immer wieder stürmten sie aufeinander los, beide waren leicht verwundet. Schliesslich gelang es Achilles – ob ihm wieder seine Mutter Thetis dabei geholfen hatte? – den äthiopischen Riesen niederzustrecken.

Achilles' Ende

Nach dem Sieg über Memnon war Achilles wie entfesselt. Er trieb die Trojaner vor sich her und tötete Unzählige. Die Trojaner zogen sich bis hinter das Skaiische Tor zurück. Achilles hätte wohl am liebsten die Stadt gleich noch gestürmt.

Dann muss wieder etwas Eigenartiges geschehen sein, für das ich keine Erklärung hatte. War Achilles vielleicht in seinem Übermut ausfallend gegen die Götter geworden, denn man sagte, diese hielten oft eine schützende Hand über grosse Helden? Hatte er sich selbst überschätzt, gar den Göttern gleich gefühlt?

Ich sah, wie Paris plötzlich seinen Bogen spannte, ruhig zielte und einen Pfeil in die Ferse des Peliden schoss, die einzige Stelle, an der er verwundbar war.

Achilles ahnte sein Schicksal, das ihm so oft prophezeit worden war. Ein letztes Mal stürzte er sich auf die Trojaner, bevor er zu Boden sank. Bevor die Kräfte ihn verliessen, rief er noch mit lauter Stimme: ‚Wehe euch, ihr Trojaner. Ihr entgeht eurem Schicksal nicht.' Das waren seine letzten Worte.

Obwohl er unser Feind war, obwohl er viele Trojaner in den Hades befördert hatte, auch hier oben auf der Burg konnten wir uns nicht ganz diesem dramatischen Geschehen entziehen.

Achilles, der grösste aller Helden, der Sohn der Thetis und des Peleus, war tot.

Was danach kam, war schrecklich anzusehen.

Denn sofort begann eine wilde Schlacht um den toten Achilles. Trojaner unter Aineas und Achaier unter Aias und Odysseus versuchten den Leichnam in ihre Gewalt zu bekommen. Ich mochte mir dieses entsetzliche Schauspiel nicht länger ansehen und zog mich in die Burg zurück. Paris erzählte mir später, dass beide Seiten verbissen um den toten Achilles gekämpft hatten, bis ein Gewitter aufzog und es Odysseus und Aias endlich gelang, den Toten auf die Seite der Danaer zu tragen.

Wir konnten es von weitem sehen: Achilles wurde feierlich aufgebahrt und die Totenklagen begannen.

Siebzehn Tage dauerten die Totenklagen, in denen die Kämpfe ruhten.

Auch auf unserer Seite gab es viel zu tun. Es galt, viele Tote zu verbrennen und die Verwundeten mussten mit Heilkräutern versorgt und die Wunden mit Leinen umwickelt werden.

Am achtzehnten Tag schichteten die Achaier einen grossen Holzstoss auf und verbrannten ihn zusammen mit vielen Opfertieren. Danach wurden seine Gebeine in der gleichen goldenen Urne bestattet, die schon die Asche seines geliebten Freundes Patroklos enthielt.

Paris schien jetzt guter Dinge zu sein.

Er umarmte mich und meinte: ‚Ich glaube, Achilles' Tod hat die Griechen entscheidend geschwächt. Wir ziehen uns einfach in unsere Mauern zurück und dann können die Achaier sich eine blutige Nase daran zuziehen.'

Zum Glück ahnte er nicht, dass sich auch über ihm dunkle Wolken zusammenzogen.

Dann erreichte uns noch eine für uns erfreuliche Nachricht. Aias, dieser gewaltige Held, soll dem Wahnsinn verfallen gewesen sein und sich selbst getötet haben. Das schwächte die Achaier noch einmal mehr.

Der Tod des Paris

Mit den Schiffen tauchten einige neue Gesichter auf. Einer davon war Neoptolemos, der Sohn von Achilles, der später meine Tochter Hermione zur Frau nahm. Den anderen sollte ich alsbald kennen lernen.

Es war Philoktetes, ein begnadeter Bogenschütze, den die Achaier auf der Herfahrt schmählich auf der Insel Lemnos abgesetzt hatten, da er ständig über Schmerzen klagte.

Er schien jetzt genesen zu sein und forderte am nächsten Tag lautstark Paris zum Zweikampf auf. Noch immer höre ich seine markante Stimme.

‚Paris, du Feigling, komm heraus aus deinen sicheren Mauern und stelle dich zum Zweikampf mit mir.'

Alle schauten auf Paris. Er konnte sich nun schwerlich weigern und kam mit seinem Bogen heraus. Beide stellten sich vor den Toren auf. Jeder sollte drei Versuche haben. Das Glück jedoch schien Paris verlassen zu haben, seine drei Pfeile gingen daneben. Philoktetes schoss ebenfalls dreimal, der erste verfehlte Paris, und wir hofften schon auf weitere Fehlschüsse. Der zweite Pfeil traf seinen Bogen, aber der dritte traf Paris am Fussgelenk. Es war keine bedeutende Wunde, aber Paris verspürte schnell ein ziemliches Unwohlsein.

Wir wussten es damals nicht: Es waren die Pfeile des Herakles, die dieser mit dem Gift der Lernäischen Schlange getränkt hatte und dem Philoktetes vermacht hatte.

Da fiel ihm in seiner Not die Quellnymphe Oinone wieder ein, die ihm damals gesagt hatte, sie könne mit ihren heilerischen Kräften alle Wunden heilen.

Man trug ihn hoch ins Ida-Gebirge und ich begleitete ihn. Man spürte wie seine Kräfte langsam schwanden.

Ich sah die Nymphe das erstemal. Ein wirklich hübsches Mädchen, ich konnte verstehen, dass Paris in seinem einsamen Hirtendasein sich damals in sie verliebt hatte.

Oinone verhielt sich sehr abweisend.

‚Du hast mich damals schändlich verlassen, obwohl ich dich angefleht habe, bei mir zu bleiben. Ich habe dir prophezeit, dass dir und der Stadt Troja dann viel Leid bevorsteht. Doch du wolltest nicht auf mich hören.

Ich fühle, dass dein Leben zuende geht, aber ich kann dir nicht helfen,'

Man trug Paris wieder zurück in die Stadt. In meinen Armen hauchte er sein Leben aus.

Seine letzten Worte waren: ‚Die Götter haben es so gewollt. Du warst die grosse Liebe meines Lebens.' Ich schloss ihm die Augen.

Erinnerung an zärtliche Stunden

Ich schluchzte und weinte bitterlich. War alles umsonst gewesen? Fast zwanzig Jahre waren wir ein glückliches Paar. Mir fielen die ersten Liebesnächte wieder ein, die wir gemeinsam auf dem Schiff und den Inseln der Ägäis genossen hatten.

Die Leiche Paris' wurde verbrannt und in einer Urne beigesetzt. Kaum waren einige Tage seit dem Tod Paris' vergangen, da näherte sich mir Deiphobos, der Bruder Hektors. Er hatte mich die ganzen Jahre immer wieder so richtig begehrlich angestarrt und er war mir ausgesprochen unsympathisch.

‚Jetzt bist du frei. Einer Heirat mit mir steht nun nichts mehr im Wege.'

Ich weigerte mich, denn mir fiel meine Tochter Hermione und mein Mann Menelaos wieder ein. Ja, ich versuchte sogar aus Troja zu fliehen, doch die Wachen erwischten mich und brachten mich wieder zurück ins Schloss.

Als sich eine für ihn günstige Gelegenheit ergab, zerrte mich Deiphobos in seinen Raum und verging sich an mir.'

Ich schrie, doch keiner hörte mein Rufen.

‚Du widerlicher feiger Schuft. Im Kampf mit den Achaiern hast du keinen grossen Mut bewiesen, aber schwache Frauen zu überfallen, dafür fühlst du dich stark genug. Das wirst du bitter büßen!'

Das Trojanische Pferd und Trojas Ende

Die Trojaner hatten sich in ihre Mauern zurückgezogen.

Odysseus schien darüber zu sinnen, wie man diesen elenden Krieg beenden könnte. Wie Menelaos mir später erzählte, fiel ihm eine List ein. Er wollte das Innere des Stadt auskundschaften. Er lies sich von Diomedes auspeitschen, so dass sein ganzer Rücken voller blutiger Striemen war. Er verkleidete sich als Bettler und kam um Schutz suchend in die Stadt. Allen, die er traf, erzählte er von der Grausamkeit der Achaier, zeigte ihnen seine blutigen Wunden und man hatte Mitleid mit ihm. Als ich von dem Bettler hörte, schöpfte ich Verdacht. Als ich seine Stimme hörte, war ich überzeugt: Das konnte nur der listige Odysseus sein. Ich versuchte ihn mit Fangfragen in die Enge zu treiben, aber er wich mir geschickt aus. Da gab ich vor, ihn wegen seiner Wunden pflegen zu wollen. Ich liess ihn waschen und neu einkleiden.

‚Du brauchst vor mir keine Angst zu haben. Seit Paris gefallen ist, führe ich eine Art Sklavendasein. Die Einwohner von Troja meiden mich so gut sie können. Und der abstossende Bruder von Hektor hat mich einfach an sich gerissen. Wenn du also irgendwelche Pläne hast, dann tue es, ich will dich dabei unterstützen. Ich nehme an, dass du die Schwachstellen der Stadt erkunden willst.'

In der Nacht gelang es Odysseus wieder die Stadt zu verlassen.

Zurück bei den Achaiern hatte Odysseus eine Idee (ob Athene ihm dabei geholfen hatte?) und besprach es mit Agamemnon und Menelaos, daher weiss ich um die Einzelheiten..

‚Wir müssen ein riesiges hölzernes Pferd bauen, in dessen Leib sich unsere Krieger verstecken können. Dann gilt es, die Trojaner dazu zu bewegen, dass sie das Pferd als Symbol der Athene selbst in die Stadt ziehen.'

Unter den Griechen gab es einen handwerklich geschickten Mann namens Epeios, der sich anbot, das Pferd zu bauen. Er liess alles verfügbare Holz aus der Umgebung herbeibringen und fing vom ersten Sonnenstrahl bis zur Dunkelheit mit dem Bau an. Dank seines Eifers und seiner Mitstreiter wurde das Pferd genau nach Odysseus' Plänen fertig. In der Nacht wurde es vor die Mauern der Stadt gebracht und vierzig kampferprobte Krieger versteckten sich in seinem Inneren. Epeios, ein ängstlicher Mann, musste mit hinein, denn nur er wusste, wie man die Tür nach aussen öffnen konnte.

Draussen am Strand verbrannten die Griechen ihr Lager, wie es Odysseus empfohlen hatte und segelten mit der gesamten Flotte zu einer Insel in der Nähe. Die Trojaner sollten in dem Glauben gewogen werden, dass sie abzogen. Einen Mann liessen sie jedoch zurück, Sinon, einen Verwandten von Odysseus und augenscheinlich ebenso listig, um den Griechen ein Lichtzeichen zu geben.

Am nächsten Morgen, Eos begann den Himmel zu röten, zeigte sich für uns auf den Mauern ein überraschendes Bild. Das Lager der Griechen war leer, die gesamte Flotte war verschwunden und vor den Stadtmauern stand ein riesiges Pferd.

Priamos liess es sich nicht nehmen, mit einigen Kämpfern sich dem Pferd zu nähern. Auf der einen Seite stand in grossen Lettern: Ein Geschenk der Achaier an die Göttin Athene. Möge sie helfen, dass wir schnell wieder in unsere Heimat zurückkehren.

Ich kann mich an die folgenden Wortwechsel noch erinnern.

Einer meinte; ‚Wir müssen dieses Pferd in die Stadt und bis auf die Akropolis ziehen, damit Athene uns beschützt.'

Bestürzt meinte ein anderer: Bloss nicht, denn Athene steht auf der Seite der Achaier. Wer weiss, ob jemand in dem Pferd steckt. Wir sollten es zügig verbrennen.'

So ging der Meinungsstreit hin und her, bis Priamos entschied, es in die Stadt zu ziehen.

Seine Entscheidung wurde noch unterstützt durch einen Gefangenen, Sinon, der von Odysseus genaueste Informationen erhalten hatte, gab an, was er aussagen sollte.

Er erklärte, das Pferd sei ein Geschenk an Athene, da Odysseus sie durch eine Tat beleidigte hätte.

Die Trojaner entschieden sich dafür, das Pferd hoch zur Akropolis zu ziehen, mussten aber wegen der Grösse einige Mauern abbrechen.

Die dramatischen Ereignisse rissen nicht ab.

Der Seher und Priester Laokoon tauchte auf und mahnte in erregenden Worten die Trojaner vor der Gefahr, die sie sich einhandelten.

‚Glaubt mir, es ist eine List des Odysseus, denkt ihr etwa, die Griechen

seien abgezogen? In dem Pferd sitzen bewaffnete Krieger!'

Zugleich schleuderte er seinen Speer mit aller Kraft auf das Pferd, das etwas zu wackeln begann.

Die Menschen schienen ihm Glauben zu schenken.

Stimmen wurden laut wie ‚Glaubt ihm doch,' und ‚Verbrennt dieses unselige Pferd!'

Da geschah plötzlich etwas unerwartet Grausames: Aus dem Meer tauchten plötzlich zwei Riesenschlangen auf und erwürgten die beiden Söhne Laokoons. Dieser wollte den Söhnen zu Hilfe eilen und wurde ebenfalls ein Opfer der Schlangen.

Der Tod Laokoons und seiner Söhne; Vatikanische Museen

Es war grässlich anzusehen, wie die Schlangen die Kinder und ihn erwürgten.

Die Trojaner sahen dies als Zeichen der Götter an. Kein Zweifel mehr, die Stadt schien gerettet, die Griechen auf dem Heimweg.

Doch es gab noch eine, die alles für eine Finte hielt: Kassandra. Mit schriller, sich überschlagender Stimme schrie sie: ‚Ihr Narren, ihr habt euer Verderben in die Stadt hineingezogen. Verbrennt das Pferd, damit Troja gerettet wird.'

Gleichwohl, niemand nahm sie ernst. Das war ihr trauriges Los.

Nun begannen die Siegesfeierlichkeiten. Ganz Troja jubelte. Man schmückte die Stadt mit Blumen und tanzte auf den Strassen. Der Wein floss in Strömen.

Erschöpft von gutem Essen und Wein begab man sich abends müde zur

Ruhe, nur einige wenige Wächter blieben ebenfalls ermüdet mit schweren Augen auf.

Ich konnte nicht schlafen und habe mich in der Nacht noch einmal leise der Mauer genähert.

Kaum glaubte ich meinen Augen, was ich da sah: Auf dem Grabhügel des Achilles stand jemand und winkte mit einer Fackel. Drüben, weit auf dem Meer, kam eine Antwort, ebenfalls mit einer brennenden Fackel.

Man hatte die Trojaner betrogen und sie waren gutgläubig oder weil die Götter es so wollten auf diese List hereingefallen! Die Griechen kamen zurück.

Schon hörte ich Lärm und Todesschreie in der Stadt. Die Griechen hatten die Tür des Pferdes geöffnet, sprangen herunter und hatten bereits die ersten Trojaner nieder gemacht. Drei von ihnen rannten zum Tor, erschlugen die betrunkenen Wachen und öffneten es.

Was würde jetzt aus mir werden? Sollte das mein Ende sein? Kaum vorstellbar, dass die Achaier mich verschonen würden, wo ich doch nach ihrer Ansicht die Schuldige für den Tod so vieler ihrer Helden war? Menelaos würde sicher nach mir Ausschau halten. Und dann? Die Kränkung würde er mir nie verzeihen. Sein Zorn müsste grenzenlos sein.

Auf Schleichwegen, um den blutrünstigen Griechen zu entgehen, gelangte ich wieder in den Palast.

Kaum war ich auf meinem Zimmer, als ich laute Stimmen und Schreie hörte.

Es war Menelaos mit seinen Mannen, seine Stimme erkannte ich noch immer.

Hekabe stürzte weinend in mein Zimmer. ‚Diese Bestien, sie haben Priamos trotz seines hohen Alters vor seinem Palast nieder gestochen. Alle Männer wollen sie umbringen. Selbst den kleinen Astyanax haben sie nicht verschont, sie haben ihn aus den Armen von Andromache gerissen.'

Dann hörte ich die wütende Stimme von Menelaos, der offenbar draussen vor meinem Zimmer auf Deiphobos gestossen war.

‚'Du elender Schuft, du hast es gewagt, meine Frau mit Gewalt zu nehmen. Das wirst du mit deinem Leben bezahlen.'

Man hörte intensives Waffengeklirr. Dann vernahm ich, wie Menelaos

schrie: ‚So, das war dein kurzes Leben, mehr hast du auch nicht verdient!'
Mit Wucht ging die Tür auf und Menelaos stürzte herein, sein Schwert
in der Hand.

‚Du Treulose, du Betrügerin, endlich kann ich mich an dir rächen', und
hob das Schwert gegen mich.

Hekabe warf sich dazwischen, sie hatte sich augenscheinlich wieder
etwas gefasst.

‚Halt ein,' rief sie, ‚ein Leben ist schnell ausgelöscht. Hast du ihr eine
Gelegenheit gegeben, ihre Unschuld zu beteuern? Es ist bereits zu viel
Blut geflossen!'

‚Was soll dieses alberne Gerede, hat sie nicht genug Unheil gestiftet und
das Leben vieler Achaier auf dem Gewissen,' und an mich gwandt, ‚ich
bin nicht gekommen, um Worte zu verlieren, sondern dich zu töten '

Jetzt sah ich die Möglichkeit, um mein Leben zu kämpfen.

‚Kennst du eigentlich meine Schwierigkeiten. Erst setzt Hekabe diesen
Jungen, den Paris, in die Welt, dann versucht der alte Hirte oben am Berg
den Knaben zu retten. Schliesslich greifen sogar die Götter ein. Kypris,
die Göttin der Liebe, geht aus einem Wettstreit, den Paris richten muss,
als Siegerin hervor und rühmte mich als Preis für sein Urteil. Was hätte
ich gegen Aphrodites Macht, der sogar Zeus hin und wieder unterliegt,
tun können, als sie mich innerlich zwang, das Schiff zu besteigen und zu
fliehen.'

Hekabe war jetzt ebenfalls etwas aufgebracht.

‚Alle Liebestollheit nennen die Menschen einfach Aphrodite. Schiebe
also nicht die Schuld auf sie. War es nicht eher so, dass dir die Schönheit
meines Sohnes ungemein gefiel, dir Sparta zu langweilig wurde und du
dir in Troja ein besseres Leben vorstelltest. Und jetzt? Hatten die Trojaner
Erfolg, so warst du zufrieden und vergassest Menelaos?'

‚Ich habe genug gehört. Freiwillig folgtest du dem fremden Jüngling
und jetzt hast du Aphrodite zu deinem Schutz in deine Rede eingeflochten.
Das lange Leiden der Achaier kann nur durch deinen Tod gesühnt werden.'

Da fiel mir als letzte Hilfe ein, vor ihm auf die Knie zu fallen.

‚Nicht allein bin ich schuldig für das Unglück, das die Götter beschlossen haben. Daher töte mich nicht und gib mir eine neue Gelegenheit, dir

meine Liebe zu beweisen.'

Menelaos steckte sein Schwert wieder in die Scheide.

‚Ihre Worte sind für mich wie Luft,' und zu seinen Gefährten: ‚Los, bringt sie auf mein Schiff, alles andere werden wir auf der Rückfahrt klären.'

Ich konnte nicht mehr mitverfolgen, wie die Achaier die Stadt plünderten und in Brand steckten. Als wir die Gestade Trojas verliessen, sah ich ein riesiges Flammenmeer. Funken sprühten zum Himmel. Die Stadt, in der ich zehn Jahre gelebt hatte, gab es nicht mehr. Sie war ein Opfer der Flammen geworden.

Die Heimfahrt nach Sparta

Menelaos schien auf der Rückfahrt das Glück verlassen zu haben. Er meinte, das sei eine Rache der Athene. Wir wurden weit abgetrieben und landeten in verschiedenen Ländern und auf verschiedenen Inseln, deren Namen ich vergessen habe. Acht Jahre lang ging es so.

In der ersten Zeit sprach Menelaos mit mir kein einziges Wort. Er hatte einen kleinen Verschlag hinten auf dem Schiff bauen lassen, in dem ich schlief. Die Griechen hatten einige junge Mädchen als Beute mitgenommen und eine von ihnen mit Namen Eurythea wurde mir als Bewachung zugeteilt.

Ich versuchte jedesmal, wenn ich ihn sah, ihn liebevoll anzulächeln. Wieder schien Aphrodite ihre Hand im Spiel zu haben, denn nach einigen Wochen nahm er mich in die Arme.

‚Wir sind durch das für uns Menschen nicht verstehbare Wirken der Götter so lange getrennt gewesen. Wer kann sich ihrem Walten entziehen. Es ist für uns beide von Vorteil, wenn wir alte und grüblerische Gedanken von uns werfen, wie bei einem Schiff, das Ballast abwirft und um so leichter vor dem Wind gleitet.'

Erleichtert nahm ich seine Worte auf, besonders weil er sonst kaum Sätze dieser Art von sich gab.

Endlich gelangten wir nach Sparta zurück. Menelaos wurde von seinen Untertanen begeistert empfangen. Mich schien man weniger beachten zu wollen. Es war ihnen ja auch nicht zu verdenken, dass sie in mir die Übeltäterin für die vielen gefallenen Krieger sahen.

Wir lebten uns wieder ein. Alissa war sehr alt geworden und winkte mir nur müde zu. Zum Geschichtenerzählen, wie sie es früher gerne tat, fühlte sie sich zu schwach.

Besuch von Telemachos

Wir waren gerade wieder ein Jahr in Sparta, als sich Besuch ankündigte. Es war Telemachos. Aus dem Kind, das Odysseus damals zurückgelassen hatte, war ein stattlicher junger Mann geworden.

,Sei uns willkommen, du Sohn eines grossen Vaters. Was führt dich zu uns,' wollte Menelaos wissen.

,Eine unangenehme Geschichte,' antwortete Telemachos, ,ihr könnt euch nicht vorstellen, was bei uns auf Ithaka los ist. Odysseus ist noch nicht zurück und unser Palast ist voller Freier, die meine Mutter Penelope heiraten wollen. Sie saufen und fressen den ganzen Tag. Wenn ich mich bei ihnen sehen lasse, dann verhöhnen sie mich. Am liebsten würden sie mich umbringen. Penelope hat sich bislang geweigert, einen von ihnen als Gatten anzuhören. Sie ist davon überzeugt, dass Odysseus zurückkehrt. Um die Freier hinzuhalten, wendet sie eine List an. Am Tag webt sie das Leichentuch für ihren Schwiegervater Laërtes und damit sie die Fertigstellung hinauszögert, trennt sie es in der Nacht wieder auf. Doch die Freier scheinen Wind davon bekommen zu haben und bedrängen sie immer stärker. Einer mit Namen Antinoos ist besonders aufdringlich und hat sich zum Führer der über hundert Freier gemacht. Daher bin ich jetzt nach Sparta aufgebrochen, ob ihr wisst, ob Odysseus noch lebt und wenn ja, wo er steckt? Er müsste dringend zurückkehren, um Penelope zu helfen.'

Ich schaute mit Telemachos gründlich an. Er sah seinem Vater sehr ähnlich. Man merkte ihm jedoch die grossen Sorgen an, die ihn quälten.

,Ohne deinen Vater, so glaube ich,' erwiderte Menelaos, ,wären wir noch immer vor Troja und es wären noch mehr Achaier gefallen, er hatte den Einfall mit dem hölzernen Pferd, das die Trojaner dann leichtfertig in die Stadt hineingezogen hatten' und mit einem Seitenblick auf mich, ,und Helena würde von der Burg noch immer auf uns herunter schauen. Odysseus hat am selben Tag wie wir Ilion verlassen. Danach drang nie mehr Kunde von ihm zu uns. So gern wir dir helfen möchten, wir können es nicht. Wir wünschen dir und Penelope aber, dass Odysseus gesund zurückkehrt. Ein Mann wie er, mit seinem Einfallsreichtum, geht nicht unter.'

Telemachos verabschiedete sich ein wenig niedergeschlagen.

Abschied

Inzwischen war traurige oder sagen wir besser grausige Kunde aus Mykene zu uns gedrungen. Agamemnon war wohl der Ansicht, alles sei wieder so wie früher vor seiner Abreise. Zudem hatte er noch Kassandra, die Schester von Paris, als lebendige Beute mitgebracht. Er wusste wohl nicht, dass sich Klytemnaistra in seiner langen Abwesenheit einen jungen Liebhaber namens Aigisthos zugelegt hatte. Klytemnaistra trug ihm ausserdem noch immer die, wie sie annahm, leichtfertige Opferung der Tochter Iphigenie nach. Agamemnon wurde von den beiden als Störenfried empfunden und sie beschlossen ihn umzubringen. Was sie dann auch taten, und Kassandra gleich dazu. Als Orestes, der gemeinsame Sohne, von diesen Schandtaten erfuhr, eilte er nach Mykene und brachte seine Mutter und Aigisthos um.

Ob das wohl ohne Folgen für den Sohn bleiben würde, ob die Götter darauf reagieren würden, ich weiss es nicht.

Nun, der Krieg um Troja liegt lange hinter mir. Kaum eine Frau in Hellas könnte von einer solchen Geschichte erzählen. Mein Leben war voller Eindrücke und Überraschungen, ich habe gelacht und gelitten.

Mögen diejenigen, denen eventuell diese Zeilen in die Hände fallen, Verständnis für all das aufbringen, das ich mutig dem Papyros anvertraut habe.

Wie mag Helena ausgesehen haben?

Diese Frage habe ich mir bereits beim Schreiben meines Buches „Helena und Paris – Eine dramatische Liebesgeschichte" oft gestellt. Aber da dieses Buch ausschliesslich von Helena und ihrem Leben handelt, möchte ich diese Frage noch einmal oder wieder stellen. Kann man eine der modernen Schönheiten auf sie projizieren? Ich glaube kaum, denn dann würde man sie ihres geheimnisvollen Zaubers berauben, der sie umgibt. Und zudem haben viele Neuzeit-Helenas häufig die Hilfe der Schönheitschirurgie in Anspruch genommen, was bei der Original-Helena wohl kaum zugetroffen sein dürfte.

Unzählige Maler haben versucht, ihr ein Gesicht zu geben.

Das jedoch sind nur hilflose Annäherungen, Vorstellungen, die im Kopf des Künstlers entstanden sind. Nur er selbst kann sich wahrscheinlich mit seinem gefundenen Abbild identifizieren. Zudem sind alle Bilder durch die jeweilige Zeit und ihre Mode- und Schönheits-Vorstellungen geprägt.

Irgendwann hat sich in meiner Phantasie auch ein Bild von Helena eingestellt.

Sie ist blauäugig (alle braunäugigen Frauen mögen mir verzeihen).

Sie hat blondes Haar (alle dunkelhaarigen Schönen mögen es mir nachsehen)

Ihr Haar hat sie nach Art der Griechinnen hochgesteckt.

Keinesfalls hatte sie – so versuche ich das zu sehen - diese typische Nase der Griechinnen der damaligen Zeit, bei der Stirn und Nasenrücken eine Linie bilden.

Sie dürfte ungefähr – auch wenn es banal klingt – ein Meter sechzig groß gewesen sein (damals waren die Menschen wesentlich kleiner als heute, man sieht es besonders gut an den Ritterrüstungen des Mittelalters).

Auch wenn es den Griechen nicht behagt: Ihr großer Held Achill hätte nie und nimmer eine Chance gehabt, in die Garde der großen Kerls bei

Friedrich dem Großen übernommen zu werden. Auch Alexander der Große hätte nie in eine heutige Basketball-Mannschaft gepasst.

So mag jeder Leser in seiner Phantasie, in seiner Vorstellung, wenn sie nicht allzu sehr durch die modernen Medien wie Fernsehen, Computer, Tablets und Smartphones oder die sich sozial nennenden Medien entstellt ist, sich ein Bild der antiken Schönheit zu machen.

Literatur

Baltrusch, Ernst; Sparta, Geschichte, Gesellschaft, Kultur; c.h.beck; Wissen, 2016

Binder, Gerhart; Von Adonus bis Zeus; VMA, Wiesbaden

Homer: Ilias, Übertragen von Johann Heinrich Voß

Göll, Hermann; Illustrierte Geschichte der Mythologie; Bechtermünz, 1991

Kaschnitz, Marie Luise: Griechische Mythen, dtv, München, 7. Auflage

Lobmann, Niels; Antikes Sparta; Geschichte und Kultur der Spartaner;

Mees, L.F.C.; Helena und Penelope; Der Weg des Mensschen im Bild der griechischen Mythologie; Urachhaus, 1981

Mythos Helena: Texte von Homer bis Luciano de Crescenzo; Ph. Reclam junior,

Schwab, Gustav: Sagen des klassischen Altertums, droemer knaur

Stefanides; Menelaos: Ilias – Der Trojanische Krieg, Verlag Sigma; 4. Neuauflage, 2003, Übersetzung Christina Tell

Volkmer, Dietrich: Helena und Paris, Eine dramatische Liebesge-schichte, Books on Demand, 2018

Volkmer, Dietrich: Herakles, Der Weg des Menschen, Books on Demand, 2019

Volkmer, Dietrich: Die Odyssee – Eine psychologische Reise nach Ithaka; Books on Demand, 2013

Begriffserklärungen

Achaier
So werden die Griechen auch geannt nach ihrem Stammland Achaia auf dem Peloponnes. Weitere Namen sind: Danaer – nach dem mythischen König Danaos; oder auch: Argeier – nach der griechischen Landschaft Argolis

Heloten
Sie waren eine Art Sklaven oder Leibeigene. Übersetzt heisst das Wort „Gefangene". Sie stellten die unterste Schicht der Bewohner Spartas dar.

Ilion
Ein anderer Name für Troja

Kypris
Eine anderer Name für Aphrodite. Er stammt von der Insel Zypern, an dessen Strand bei Paphos sie an Land gegangen war.

Lakedämon
Sparta war die Hauptstadt des Landschaftsgebietes Lakonien, einer Ebene des Flusses Eurotas, und des Staates der Lakedaimonier. Daher nannte man Sparta auch Lakedaimon.

Periöken
Sie stellten nebst den eigentlichen Spartiaten die zweite Schicht dar. Zwar wurden sie nicht als vollwertige Bürger anerkannt, sie besaßen aber eine Reihe von Freiheiten. Sie durften allerdings nicht wählen, jedoch an der militärischen Ausbildung durften sie teilnehmen, sie konnten sogar innerhalb des Heeres höhere Posten einnehmen.

Phrygien
Die Gegend in Kleinasien, in der die Stadt Troja errichtet wurde

Alexander und Aristoteles

Eine fiktive späte Begegnung in
Babylon kurz vor dem Tode Alexanders

Erschienen bei Books on Demand

Näheres unter
www.literatur.drvolkmer.de

**Athos
Unterwegs im Garten der Gottesmutter**

Besuche bei den Mönchen auf Athos

Erschienen bei Books on Demand

Näheres unter
www.literatur.drvolkmer.de

**Die Odyssee
Eine psychologische Reise
nach Ithaka**

Erschienen bei Books on Demand

Näheres unter
www.literatur.drvolkmer.de

Frankfurt und die Götter des Olymp
Eine humoristischer Besuch der olympischen Götter in Frankfurt

Erschienen bei Books on Demand

Näheres unter
www.literatur.drvolkmer.de

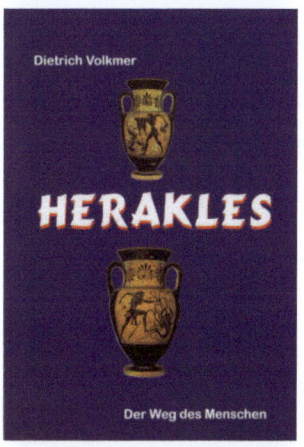

Herakles
Die spannende Geschichte des größten Helden der griechischen Mythologie

Erschienen bei Books on Demand

Näheres unter
www.literatur.drvolkmer.de

Helena und Paris
Eine dramatische Liebesgeschichte
Im gewissen Sinne eine Ergänzung zu diesem Buch, das Sie in den Händen halten

Erschienen bei Books on Demand

Näheres unter
www.literatur.drvolkmer.de

Mars im Spiegel
Mythologisch-bißliche Betrachtungen
Ein Klassiker
Eine Mischung aus Mythologie, Astronomie, Astrologie und Zahn-Heilkunde

Erschienen bei Books on Demand

Näheres unter
www.literatur.drvolkmer.de

Die Schöpfung
Mythen und Erzählungen
Auf der Suche nach dem Woher

Erschienen bei Books on Demand

Näheres unter
www.literatur.drvolkmer.de

Hatschepsut
Tagebuch einer Pharaonin
Die Geschichte einer starken Frau auf dem Horus-Thron

Erschienen bei Books on Demand

Näheres unter
www.literatur.drvolkmer.de

Viertausend Kilometer Einsamkeit
Rapa Nui   Osterinsel
Auf der einsamsten Insel der Welt

Erschienen bei Books on Demand

Näheres unter
www.literatur.drvolkmer.de

Der Mensch - Allein im Universum?
Reflexionen eines Erdenbewohners
Auf der Suche nach Antworten auf diese
spannende Frage

Erschienen bei Books on Demand

Näheres unter
www.literatur.drvolkmer.de

Der Urknall
Eine Fiktion der Astrophysik
Die Astrophysiker glauben, eine einfa-
che Antwort auf diese Frage gefunden
zu haben

Erschienen bei Books on Demand

Näheres unter
www.literatur.drvolkmer.de

Weitere Bücher des Autors
zB über Zahn-Heilkunde
Ernährung

Über Reisen
zB In den Norden und den Süden Namibias

finden Sie mit ausführlichen Bescheibungen auf den
Seiten
www.literatur.drvolkmer.de

Dort können auch die ersten Seiten Probe gelesen werden

Platz für Ihre Notizen